KB155874

1인 1기

1인 1기

당신의 노후를 바꾸는 기적

김경록 지음

ᐃ 더난출판

1인 1기로 100세 시대를 넘자

고령화·저금리라는 불확실성의 시대에 안전벨트는 무엇이 될까? 지난해 일본 NHK TV에서 노인들의 실태를 조사해 『노후파산』이라는 책을 펴냈다. 일본은 노인들의 천국이라는 우리의 생각과 달리 생활비조차 감당하기 힘든 노후파산 상태에 이른 사람이 200만 명에 달한다고 한다. 잘사는 노인과 그렇지 않은 노인의 격차가 커지는 양극화 사회의 한 단면이다. 노후파산에 빠진 사람들이 하나같이 하는 얘기는 "열심히 살았는데 왜 이런가?", "이렇게 될 줄은 꿈에도 생각 못했다"와 같은 말들이었다고 한다.[1] 선진국이면서 국내총생산GDP의 2.4배에 이르는 돈을 정부가 지출한 일본사회에서 일어난 일이다. 선진국도 아니고 정부지출도 많이 늘리지 못할 우리나라에서 고령화는 훨씬 팍팍한 환경이 될 것이다. 우리 주변의 삶과 나의 삶이 롤러코스터를

탄 것처럼 요동칠 수 있다.

우선 수명이 길어지면 생활비가 더 많이 든다. 단순 셈법으로도 알 수 있다. 한 달에 200만 원의 생활비가 필요하다고 하면 수명이 예상보다 10년 길어지면 2억 4,000만 원이 더 필요하고 20년 길어지면 4억 8,000만 원이 더 필요하다. 설상가상으로 고령의 나이로 오랫동안 사는 만큼 치료비는 훨씬 많이 들어간다. 치매는 80세를 넘기면 급격하게 증가하기 시작하는데 간병비가 많이 들기 때문에 건강보험으로 벌충하기도 어렵다.

여기에 초저금리는 불난 집에 부채질하는 격이다. 자산 축적의 시간이 엄청나게 느려지고 축적된 자산에서 나오는 금융소득도 크게 줄어들어버린다. 금리가 5%일 때 자산이 2배 되려면 약 14년이 걸린다. 하지만 1% 금리가 되면 약

70년이나 걸리며 0.1%가 되면 무려 693년이 소요된다. 자산 축적 자체가 꿈같은 일이 된다. 설령 자산을 10억 원을 모아두었다고 하더라도 문제가 해결되지는 않는다. 금리가 5%에서는 매월 약 416만 원 이자를 받는데 1%에서는 월 83만 원 받을 따름이다.

곤두박질 치는 롤러코스터에서 노후의 안전벨트가 무엇일지 찾기 위해 고령화와 저금리의 부정적인 측면을 한번 뒤집어 생각해보기로 했다. 고령화와 저금리라는 환경에서 오히려 좋아지는 것이 무엇인지 찾아보자. 첫째, 자기 일을 오래하는 사람이다. 변호사, 의사, 기술자, 사업체 주인, 정년이 오래 보장된 직업이 여기에 해당된다. 실제로 초저금리가 되면 돈의 가치는 뚝뚝 떨어지지만 일의 가치는 쑥쑥 올라간다. 1년에 3,000만 원을 버는 사람은 금리가 5%일 때는

6억 원의 금융자산 보유자와 맞먹지만 1%일 때는 30억 원의 금융자산 보유자와 맞먹는다. 0.1%로 하락하면 300억 원의 금융자산이 있어야 매년 3,000만 원 이자를 받는다. 둘째, 확정된 연금을 오래 받는 사람도 좋아진다. 350만 원 받는 연금의 가치는 금리가 하락하면 증가하기 때문이다. 월 350만 원의 물가연동 종신연금은 대략 15억 원의 자산과 맞먹는다. 공무원, 교사, 군인의 인기가 좋아진 이유다.

고령화·저금리 시대의 안전벨트는 바로 위의 두 가지, 즉 기술 및 전문성에 기반을 둔 인적자본과 연금에 있다. 우리는 이 둘을 추구해야 한다. 일의 가치를 높여야 하며 이를 위해 인적자본의 가치를 높여야 한다. 퇴직이 가까워지면 인적자본의 가치가 급격히 하락하는데 이것을 획기적으로 늘려야 한다. 그렇다고 아무 일이나 하자는 것은 아니다. 소자본으로 창업을 하면 3년이 안 되어 문 닫을 가능성이 3분의 1은 된다고 하니 말이다. 직장을 오래 다니더라도 70세를 넘기기는 정말 어렵다. 따라서 100세 시대는 안정적인 소득을 장기간 확보할 수 있는 일을 해야 한다. 실제로 최근의 고령자들은 돈을 많이 받기보다는 일하는 시간을 줄이고 오래도록 일하기를 선호한다. 이러한 조건을 충족시켜주는 것이 기술과 전문성에 기반을 둔 일이다.

3년 전에 관료를 하다가 대학교에서 교수를 하고 있는 친구와 고령화와 은퇴에 관해 이런저런 얘기를 나누다가 1인 1기라는 말이 나왔다. 이후 줄곧 고령화를 극복하는 방안으로 1인 1기를 화두처럼 생각하게 되었다. 기술이란 무엇일까? 노후에 새로 익힐 수 있는 기술은 어떤 것이 있을까? 이러한 기술로 실제로 IT시대에 돈을 벌 수 있을까? 경제가

서비스화가 되어가면서 어떤 전문성이 경쟁력이 있을까? 전문성으로 혼자 돈을 벌 수 있는 길이 있을까?

50대 중반 나이에다 은퇴연구소장이라는 직함을 갖고 있다 보니 필자에게 가끔씩 직장을 그만두게 된 선후배들이 진로를 상담하러 오기도 한다. 마치 손님 처음 맞는 점쟁이마냥 어색하기도 하지만 내가 아는 지식과 경험을 동원해서 열심히 이야기를 해준다. 그러면 어떤 사람은 자신이 미리 생각한 구상을 슬쩍 꺼내서 사람을 무안하게 만들기도 하고, 어떤 사람은 반신반의하면서 듣기도 하고, 어떤 사람은 정말 좋은 생각이라고 맞장구를 치지만 얼굴 표정을 보면 '공자 말씀하고 있구나' 하는 표정이다.

많은 사람들이 노후에 기술로 먹고사는 것이 말은 좋지만 현실은 어렵다고 했다. 회사에 있을 때는 모르지만 회사

문턱을 나서면 회사라는 거대한 자본이 받쳐주지 않는 황량한 벌판에 서게 되는 느낌이 된다. 실제로 황량한 벌판이다. 이것을 옥토로 바꾸어나가는 사람들을 보면 대단한 노력을 한 사람들이다. 일부 사람들의 개인적 노력이 아닌, 많은 사람들이 황량한 벌판을 이겨나가게 할 만한 사회적 시스템이 없을까?

실제로 소공인小工人[2]들은 자꾸 줄어들고 있고 전망도 우울하다. 중소기업청의 「2015년 전국 도시형 소공인 실태조사」에 따르면 소공인의 대부분은 미래에 대해 어두운 전망을 갖고 있는 것으로 파악됐다. 전국 6,000개 사업체를 대상으로 실시한 조사에서 응답자의 14.7%만이 소공인의 전망이 희망적이라고 대답했다. 보통이 61.2%, 절망적이 24.2%로 나타났다.[3]

1인 1기는 좋지만 이를 실행에 옮기는 과정의 문제점들이 만만치 않았다. 하지만 위의 설문조사를 다른 각도에서 보면 소공인들은 미래에 대해 희망적이거나 보통이라고 답한 사람이 76%라는 얘기다. 지금과 같은 불경기에 이 정도 수치면 낮은 것이 아니다. 이런 얘기들도 한다. 자영업은 3년 이내에 문을 닫을 확률이 3곳 중 1곳 정도로 높지만 기술을 가진 사람들은 10년 이상은 족히 갈 뿐만 아니라 갈수록 힘을 발휘한다고 한다. 크게 벌지는 못 해도 일감이 없어지지는 않는다고 말한다. 요즘 대학원은 심리학과나 사회복지학과가 인기가 높다. 젊은 사람들이 아니라 중장년층이 많이 들어가려 한다. 일반 대학원 들어가기보다 더 어렵다는 말들을 한다. 전문성이 중요해졌다는 뜻이다.

1인 1기에 우호적인 변화가 하나 더 있다. 개인의 기술은 대량생산 체제에 밀려 어려운 게 현실이지만 한편으로 장인들이 만든 사람의 손길이 닿은 물건을 수요하기도 한다. 경제학자 모타니 고스케는 "전 세계 사람들이 싸고 따뜻한 유니클로 셔츠를 입는 시대와 시골 할머니의 손뜨개 스웨터가 인기를 끄는 시대가 찾아온다"고 말한다.[4] 다양한 개성 있는 손으로 만든 물건도 일정 범위 내에서 인기를 끄는 시대가 온다. 기계화와 인공지능이 발달될수록 사람들은 '사람냄새'가 나는 것에 끌린다. 그뿐 아니라 모바일과 3D프린터와 같은 기술 발전으로 사람은 기술과 전문성이 있으면 혼자서 영업직·생산직·기획직·홍보직 모두를 할 수 있게 된다.

과거 우리는 퇴직 후 여명이 짧다 보니 별다른 생각 없이 지냈다. 그러다 보니 이 경험으로 미루어 미래에도 노후에 전문성을 가진다는 것을 현실성 없는 일로 간주하는 경향이 있다. 그러나 우리가 맞을 세상은 퇴직 후에 적어도 20~30년은 일을 해야 하는 세상이다. 길게 보아야 한다. 전문성과 기술로 대변되는 자신의 인적자본을 키울 필요가 있다. 베이비부머는 앞 세대를 보지 말고 우리 세대의 미래를 그리면서 행동해야 한다. 과거에는 퇴직 후 인적자본에 3년을 투자해봐야 금방 세상을 떠나기 때문에 효율성이 없었다. 하지만 이제는 3년을 투자하면 20년 이상을 써먹을 수 있는 세상이 되었다. 전문성과 기술로 무장된 1인 1기는 고령화를 헤쳐갈 안전벨트가 된다.

전문성과 기술이 뒷받침되어 있으면 우리는 노후를 다양한 방식으로 살 수 있다. 노후 삶의 자유도가 높아진다. 일본의 시오니 나오키는 『반농반X半農半X의 삶』이라는 책에서 농사를 지어서 생존을 유지하고 나머지 반의 시간은 자신이 하고 싶은 것을 하는 삶을 주장한 바 있다. 이를 농촌이 아닌 도시에서도 실천할 수 있다. 우리도 노후에 받게 될 연금과 기술에서 나오는 소득을 결합시키는 '半연금·半기술'로 노후를 풍성하게 할 수 있다. 일은 경제적 이득뿐 아니라 건강, 여유시간의 활용, 몰입, 유대의 확장 등 비경제적 편익도 크기 때문이다.

자료를 조사하다 보니 1970년대에도 '한 사람이 하나의 기술'이라는 슬로건이 있었다. 기억을 더듬어보니 필자가 고등학교에 입학하던 1978년에 공업계 고등학교 육성 붐이 불었고 그 당시 국제기능올림픽은 우리나라 선수들의 안마당이었다. 그 베이비부머들이 이제 퇴직을 앞두고 노후라는 산 앞에 있다. 아이러니하게도 노후를 맞는 지금 또 다시 기술이 화두가 되었다. 다만 그때의 기술과 지금의 기술은 달라서 좀 더 서비스화되어 있고 IT화되어 있는 부분이 있다. 전문성과 기술이라는 동일한 단어이지만 지금은 훨씬 다기화되어 있고 서비스화되어 있으며 전문화되어 있다. 손으로 단순하게 물건을 만드는 것에서 커피를 만들거나 컨설팅을 해주는 것까지 다양하다. 그리고 모바일과 IT가 창직을 하려는 사람들에게 좋은 인프라가 되어주고 있다.

베이비부머들이여, 100세 시대라는 롤러코스터에 올라타기 전에 1인 1기라는 안전벨트를 매자. 1인 1기로 100세 시대를 넘자.

‖ 2장 ‖ 왜 기술이 필요한가

‖ 3장 ‖ 기술 중심으로 생애설계 다시 짜라

저금리·고령화라는
화성에서 생존하기

・
・
・

화성에 남겨진
4050세대

지난해 국내에서 흥행을 거둔 영화 〈마션Martian〉(2015) 은 불의의 사고로 화성에 홀로 남겨진 주인공 마크 위트니 의 처절하고도 위트 넘치는 생존기다. 아레스 3팀이 유인화 성탐사 임무를 수행하던 중 강력한 우주폭풍을 만나고, 마 크는 화성상승선이 기울어지는 것을 막으려다가 강한 바람 에 날라 온 안테나에 맞아 대열에서 떨어져나가게 된다. 폭 풍이 점점 강력해지자 아레스 3팀은 당장 화성상승선이 이 륙하지 않으면 모두의 생명이 위태로운 급박한 상황을 맞아 마크를 죽은 것으로 간주하고 우주정거장으로 귀환해버린다. 하지만 마크는 살아 있다. 그를 구조할 수 있는 아레스 4팀은 약 4년 후에 화성에 도착할 예정인데, 지금 화성에 남아있는 식량은 기껏 300일치뿐이다. "망했다 God damn it". 마크가 내뱉은 한마디다.

마크는 구조를 하염없이 기다리거나 식량을 아껴 먹는 등 일반적인 방법으로는 이런 절체절명 상황에서 생존할 수 없다는 사실을 깨닫고 완전히 다른 방식으로 생각한다.

그는 우선 기지 안에 화성의 흙을 깔고 인분으로 만든 거름을 섞어 밭을 만든 뒤 로켓의 연료를 이용하여 물을 만들어 감자를 재배한다. 식량이 어느 정도 확보되고 나서는 오래전 화성탐사 후에 버려진 패스파인더를 찾아 지구와 교신하기도 한다. 또한 마크는 태양열전지판을 단 로버(이동수단)를 타고 아레스 4팀의 화성상승선이 있는 장소까지 간다. 충전과 휴식을 반복하면서 몇 달 동안 끈질기게 이동한 결과다. 화성에서의 그의 분투가 모두 성공적인 것만은 아니다. 기지 폭발사고로 감자 재배가 불가능해진 위기를 만나 절망에 빠지기도 한다. 그러나 결국 마크는 구조되어 지구로 돌아온다. 영화의 마지막 장면에서 교관이 된 마크는 학생들에게 이렇게 말한다. "자신이 죽을 것이라고 생각되는 어떤 상황이 닥치더라도 살고자 하는 의지를 갖고 문제를 하나씩 해결해나간다면 어느새 생존해 있는 자신을 발견하게 될 것이다."

(초)저금리·(초)고령사회에서 살아야 할 우리도 화성에 남겨진 마크와 별반 다르지 않다. 앞으로 30년 동안 60세 이상 인구가 1,400만 명 이상 증가한다. 1,400만 명이면 부산 인구의 4배이고, 춘천 인구의 50배이며, 나주 인구의 160배다. 달리 말하면 30년 동안 총인구는 늘어나지 않는 가운데, 60세 이상만 모여 사는 부산만 한 도시가 4개 생겨나거나 춘천만 한 도시가 50개 생겨난다는 뜻이다. 나주만 한 도시는 160개가 생긴다. 강원도를 보면 현재 14세까지의 유년인구와 65세 이상의 노년인구 비율이 거의 비슷하다. 그러나 2040년이 되면 노년인구가 유년인구의 4배가 된다.

이렇듯 사회 전체가 고령화되다 보니 정부도 고령자를 지원하는 데 한계가 있어 스스로 살 길을 찾아야 한다. 그뿐아니다. 개인 입장에서 보면 생각지도 않게 20년 정도를 더 살아야 하니 그만큼 생활비가 더 필요해진다. 나이가 들수록 아픈 데가 많아지므로 의료비까지 더해야 한다.

✚ 국가별 고령사회 및 초고령사회로의 진입 속도[1]

국가	고령화사회에서 고령사회로	고령사회에서 초고령사회로
한국	18년	8년
일본	24년	12년
프랑스	115년	40년

변화 속도도 너무 빠르다. 지금까지의 고령화 속도는 완만했지만, 앞으로가 문제다. 우리나라 고령화 진행 속도는 세계에서 제일 빠르다. 일본이 빠르다고 하지만 고령화사회에서 고령사회로 가는 데 24년, 다시 초고령사회로 가는 데 12년이 걸린 데 반해 지금 추세라면 우리나라는 각각 18년, 8년이 걸릴 것으로 예상된다. 프랑스는 115년, 40년이 걸렸다. 우리는 아직 이런 세상을 경험해본 적이 없다. 이미 고령화가 된 다른 나라들도 우리처럼 빠른 속도의 변화는 경험하지 않았다. 더구나 변화 속도가 세계에서 제일 빠르기 때문에 다른 나라의 고령화와는 또 다른 모습을 보인다. 일본만 해도 장기저성장, 고독사, 노후파산과 같은 보통사람이 생각지도 못한 일이 닥쳤는데 고령화 속도가 더 빠른 우리나라는 어떤 환경이 될지 불확실하다. 우리는 우리를 비

롯해 그 누구도 잘 모르는 미지의 세계로 가고 있다. 이미 많이 갔으면 그나마 다행이지만 이제 막 닻을 올리고 고동을 울리는 상황이다.

금리도 문제다. 일반적으로 낮은 것이 좋지만 너무 낮아도 여러 문제가 일어난다. 대개 선진국가나 문명국가들은 저금리이고 신흥국가들은 고금리이다. 높은 금리는 물가가 높다는 것을 뜻하는데, 이런 고금리에서는 기업활동을 하기도 어렵다. 그렇다고 금리가 3~5%이면 모르겠으나 1%대로 내려가거나 1% 이하로 내려가면 좋지 않은 일들이 많이 일어난다. 자산증식이 거의 멈춰버리고 금융자산에서 이자를 받아서 생활하는 사람들은 노후 금융소득이 줄어버린다. 우리나라는 주로 예금이나 채권 같은 원리금 보장상품으로 금융자산을 운용하고 있는데, 금리가 5% 이상일 때는 저축만으로도 노후를 준비할 수 있었으나 금리가 1%대로 떨어지면 이야기가 달라진다. 초저금리가 되면 예금에 있는 우리의 돈은 너무 늙어버려 거의 무수익자산이 되어버린다.

그럼 우리는 무엇을 어떻게 해야 할까? 그냥 멍하게 앉아 있을 수는 없다. 〈마션〉의 마크는 다음과 같이 대응했다.

우선 철저하게 계산해서 대비했다. 마크는 구조선이 올 날과 수확한 감자 수를 계산해본 다음 먹는 양을 줄여서 생존 가능성을 높여갔다. 주먹구구식으로 대충 어떻게 되겠지 하는 태도가 아니라 거의 재무공학에 가까운 수준이다. 활을 쏠 때 거리가 2미터면 발사 때 오차가 좀 있어도 과녁에서 별로 차이가 없다. 그런데 과녁이 200미터 밖에 있으면 얘기가 완전히 달라진다. 발사 때 정확하게 조준한 사람과 약간 틀리게 조준한 사람의 차이가 크게 난다. 환경의 불확실성이 큰 상황에서는 정확하게 대처한 사람의 결과와 대충 대처한 사람의 결과는 하늘과 땅의 차이가 된다.

둘째, 통념에 머무르지 않고 발상의 전환을 했다. 마크는 식량이 부족한 상황을 파악하고는 화성에서 감자를 재배할 생각을 했다. 과거에 사용했던 화성탐사선으로 지구와 교신을 시도했고, 아레스 4팀의 화성상승선이 있는 장소까지 충전과 휴식을 반복하며 이동했다. 모두가 통념으로는 감히 생각지도 못하는 발상의 전환이다. 저금리·고령화 세계에서도 발상의 전환이 필요하다. 기존 방식대로 절약하는 것으로는 한계가 있다. 마치 비용만 절약해서 문제를 타개하려는 기업과 마찬가지다.

셋째, 여러 문제들이 복합적으로 발생하는 사태를 맞아 쉽사리 포기하지 않고 문제를 떼어내어 하나씩 해결해갔다. 마크는 우선 다친 자신을 치료했다. 식량과 화성탐사선이 올 날을 비교해보고 식량을 재배할 방법을 찾았으며, 지구와 교신할 방법을 찾아냈다. 그리고 화성탐사선이 착륙할 장소가 엄두도 나지 않을 만큼 먼 거리에 있음에도 새로운 발상으로 이동할 방법을 찾았다.

누구든 자기 앞에 데려오면 원하는 대로 그 사람의 행동을 변화시킬 수 있다고 생각했던 신행동주의 심리학자 스키너는 『스키너의 마지막 강의Enjoy old age』라는 노후에 관한 책을 쓴 바 있다. 그는 노년이란 '낯선 타국'과 같다면서 무엇보다 대다수의 사람들이 노년에 대해 알려고 하지 않는 점이 문제라고 말했다. 노년에 대해 공부하고 충분히 대비를 한다면 노년도 즐길 수 있음을 말해준다. 나이가 들면 감각기관의 성능이 떨어져 듣는 것뿐 아니라 냄새를 잘 못 맡기도 한다. 그러다 보니 불이 날 때 연기냄새를 못 맡아 큰일이 날 수 있다. 그렇다면 문제가 될 상황을 미리 파악하여 화재경보기를 설치하여 대비해야 한다. 대비를 하면 새로운 환경도 견딜 수 있다는 뜻이다.

우리는 저금리·고령화라는 화성에서 문제의 해결책을 찾아내 생존해야 한다. "망했다"라는 말만 중얼거리고 있을 때가 아니다. 어떻게 되겠지 하는 근거 없는 낙관주의는 상황을 더욱 악화시킨다. 스키너 박사가 말했던 것처럼 새로운 환경의 본질을 파악하고 이에 대비한 전략을 생각한 다음 실천해야 한다.

초저금리·초고령사회

총인구에서 65세 이상 인구의 비율이 7% 이상인 사회를 고령화사회라 하고, 14% 이상은 고령사회라고 한다. 이 비율이 20%를 넘어가면 초고령사회라고 한다. 우리나라는 2018년에 고령사회에 접어들고 초고령사회는 2026년에 들어설 것으로 보인다. 문제는 이 비율이 2060년에는 40.1%로 카타르에 이어 세계 2위가 될 것으로 전망된다는 것이다. 울트라고령사회라고 불러야 할지 모른다.

금리는 초저금리와 저금리를 나누는 기준은 없다. 선진국의 금리를 저금리라고 하는데 이들은 대략 금리가 2~4%에 머무른다. 따라서 금리가 1%대에 접어들게 되면 초저금리에 진입했다고 보면 되고, 1% 아래로 떨어지면 본격적인 초저금리사회가 된다. 1% 아래에서는 자산증식 속도가 2%에 비해서 차원이 다르게 떨어진다.

이 책에서는 초저금리·초고령사회라는 세계를 분석의 대상으로 삼고 있지만 매 문장에서 '초'라는 단어가 붙는 것이 어감상 좋지 않아서 그냥 저금리·고령사회라고 쓴다.

노후준비 공식을 무너뜨린
초저금리

초저금리와 영화 〈인터스텔라Interstella〉(2014)는 비슷한 면이 많다. 영화는 2040년 악화되는 기상환경과 병충해로 식량부족 사태를 겪는 지구를 배경으로 하고 있다. 이 시대에는 과학기술도 잊히고 대부분의 사람들이 농사에 종사한다. 전직 조종사 겸 엔지니어였던 주인공 쿠퍼도 이제는 평범한 농부로 살아가는데, 어느 날 우연한 계기로 나사NASA와 만나게 되고 인류 생존을 위해 새로운 행성을 찾는 그들의 프로젝트에 참여하게 된다. 딸인 머피가 떠나지 말라는 신호를 받았다며 만류하지만 쿠퍼는 결국 인듀어런스 호를 타고 지구를 떠난다. 영화의 종반에 이르러 쿠퍼는 블랙홀까지 들어가는 우여곡절을 겪은 끝에 다시 지구로 돌아오고 시간여행으로 인해 곧 임종하는 딸을 만난다. 그리고 다시 우주로 떠난다.

영화는 압도적인 영상과 흥미로운 이야기 전개로 감상하는 내내 집중하게 만드는데, 그 중에서도 중반쯤 쿠퍼가 가르강튀아라는 블랙홀 주변의 밀러 행성에 착륙하게 되는 이야기가 매우 인상적이다. 이 별은 중력이 아주 커서 시간이 천천히 간다. 말하자면 이 별의 1시간은 지구의 7년과 맞먹는다. 조사하던 중 거대 파도 때문에 쿠퍼 일행은 밀러 행성을 간신히 탈출해 다시 인듀어런스 호로 돌아오게 되는데, 우주선 안에는 이미 23년 4개월 8일의 세월이 흘러 있었다. 쿠퍼가 밀러 행성을 탐사하는 동안 우주선 안에 있던 동료 로밀리는 동면을 했어도 머리가 희끗하게 늙어 있었다.

중력이 아주 큰 곳에서는 시간이 천천히 흐른다. 아인슈타인이 밝힌 바다. 질량이 커지면 시간과 공간이 왜곡되기 때문이다. 금리도 마찬가지다. 초저금리 국면에 접어들면 자산증식 속도가 급격히 낮아지는 쪽으로 휘어버린다. 우리가 일상적으로 생각하는 패턴을 벗어나버리는 것이다. 초저금리는 자산축적과 관련해서 다음의 네 가지 특징을 지닌다.

첫째, 저금리로 갈수록 자산증식 속도는 '가속적'으로 늦어진다. 선형적으로 균일하게 늦어지는 게 아니란 점이 중요하다. 금리가 5%일 때 원금이 2배 되려면 약 14년이 걸린다. 하지만 금리가 하락하여 4%가 되면 18년, 3%일 때는 24년, 그리고 2% 금리에서는 무려 36년, 1% 금리에서는 70년이 걸린다. 원금이 2배 되는 데 걸리는 기간이 금리가 5%에서 1%포인트씩 하락할 때마다 각각 4년, 6년, 12년, 34년이 더 길어진다. 매년 400만 원을 저축하여 3억 원을 만들려고 하면, 금리가 2.5%일 때는 42년이 걸리나 금리가 1.5%로 하락

✚ 금리에 따른 자산증식 속도

금리	원금이 2배 되는 기간
5%	14년
4%	18년
3%	24년
2%	36년
1%	70년
0.5%	139년

하면 50년이 걸린다. 금리가 1%포인트 더 하락하여 0.5%가 되면 소요되는 시간은 무려 64년으로 늘어난다.

둘째, 1% 이하의 초저금리에 빠지면 마치 블랙홀에서 시간이 멈추는 것처럼 자산증식이 거의 멈추어버린다. 물리학에서는 아인슈타인과 하이젠베르그가 나오기 전까지는 뉴턴의 세계관이 지배적이었다. 중력의 법칙은 별의 움직임까지 예측 가능하게 했으니 말이다. 하지만 뉴턴의 세계관은 빛의 속도에 가깝게 움직이는 세계와 원자나 전자와 같은 극미極微세계에서는 적용되지 않았다.

금리도 초저금리 영역으로 들어가면 상상을 넘어서는 일들이 일어난다. 금리가 3% 미만으로 떨어질 때는 자산증식 속도가 가속적으로 늘어지기 시작하다가, 1% 이하의 영역에 들어서게 되면 자산증식이 거의 어렵게 된다. 금리가 1%일 때 자산이 2배 되는 데 걸리는 시간이 70년인 데 비해 0.5%이면 그 시간이 139년이나 된다. 금리가 0.1%가 되면 원금이 2배 되는 데 걸리는 시간은 693년이 된다. 유한한 인생을 사는 인간으로서는 70년이나 139년이나 693년이 별 차이가 없다. 1% 이하의 영역은 각 개인에게는 블랙홀이라고 보면 된다. 초저금리는 자산증식의 블랙홀이다.

1장 저금리·고령화라는 화성에서 생존하기

셋째, 초저금리에서 수익률을 3~4%포인트만 더 높이면 세상이 달라진다. 일단은 1%라는 블랙홀을 탈출하는 게 중요하다. 초저금리에서는 위험을 조금 감수하고라도 수익률을 더 높일 때 긍정적인 효과가 훨씬 커진다. 앞서 든 예는 수익률을 1%포인트씩 낮출 때의 자산증식 속도였지만, 반대로 초저금리에서 수익률이 1%포인트씩 높아질 때는 정반대의 효과가 일어난다. 2% 금리에서 수익률을 3%포인트 더 올려서 5%로 하면 원금이 2배 되는 데 걸리는 기간을 36년에서 14년으로 무려 22년을 단축할 수 있다. 금리가 4%일 때는 동일하게 3%포인트 수익률을 더 올리더라도 원금이 2배 되는 데 걸리는 시간을 18년에서 10년으로 8년 단축할 수 있을 따름이다.

투자 위험을 감수하는 데 따르는 이익이 초저금리에서 높다는 얘기다. 따라서 초저금리라는 큰 중력에서 머물러 있을 게 아니라 연료를 더 쓰더라도 이를 살짝 빗겨나서 4~5% 금리 공간에 있는 것이 좋은 전략이다. 중력이 훨씬 약한 공간에 머물라는 얘기다. 투자 위험을 좀 감수하더라도 저축에서 투자로 서식지를 옮겨야 한다.

마지막으로, 초저금리에서는 돈의 가치는 뚝 떨어지지만

일의 가치는 쑥 올라간다. 지인이 사업을 정리하고 7억 원 정도를 예금해두었는데 한 달에 대략 100만 원 정도가 나왔다고 한다. 그런데 강의를 한 번 했더니 100만 원을 주더라는 것이다. 그 돈을 받으면서 '7억 원 예치한 가치가 1년에 한 번 강의한 가치밖에 안 되는구나'라는 생각을 했단다. 이것을 다르게 생각하면 100만 원 일의 가치가 저금리가 되면서 커진 것이다. 월 100만 원만큼 이자소득을 벌려면 금리가 6%에서는 2억 원이 있으면 되고 4%에서는 3억 원이다. 그런데 2%에서는 6억 원이 있어야 하고 1%가 되면 무려 12억 원이 있어야 한다. 0.1%이면 120억 원이다. 현실에서는 영화 〈성실한 나라의 앨리스〉(2015)처럼 열심히 저축해도 자산이 불어나지 않는다. 이 영화에서 주인공 수남은 착실하고 성실하며 꿈도 소박하다. 그러나 또 다른 소박한 꿈을 가진 남자와 만나 결혼하고 나서 그 소박한 꿈들은 산산이 깨지고 만다. 수남은 아무리 열심히 일해도 돈을 많이 벌 수도, 가난의 굴레를 벗어날 수도 없다.

초저금리도 노후 삶의 근간을 흔든다. 고령화로 인해 필요한 생활비는 늘어났으나 모아둔 금융자산의 수익은 뚝 떨어진다. 젊은 층은 자산축적 속도가 늦어져서 노후준비가 쉽지 않다. 젊어서 일을 하고 모아둔 금융자산으로 노후를 보낸다는 생애설계의 근간이 흔들리는 것이다. 초저금리의 정체를 잘 파악하지 않으면 성실히 일해도 '어, 어' 하는 사이에 노후의 생활이 궁핍해진다. 소설 속의 앨리스처럼 자신이 원래 살던 곳으로 되돌아가게 해달라고 여왕에게 호소할 수도 없다.

초저금리 경제학 포인트

- 자산증식 속도가 가속적으로 늦어진다.
- 1% 이하 초저금리에서는 자산증식이 거의 멈춘다.
- 초저금리에서 수익률을 3~4% 포인트 올리면 효율적이다.
- 돈의 가치는 떨어지지만 일의 가치는 올라간다.

시간은 남아돌고
돈은 부족하다

은퇴 전과 은퇴 후 상황이 극적으로 달라지는 경우가 많다. 은퇴 전에는 시간은 부족하고 돈은 많은 데 반해 은퇴 후에는 시간은 남아돌고 돈이 부족하다. 100세 시대는 노후가 길어지기 때문에 이 둘의 낙차를 줄이는 것이 좋다. 이를 위해서는 후자의 'Time Rich, Money Poor'를 바꿔 남는 시간은 인적자본에 투자하고 이를 통해 부족한 돈을 벌충해야 한다.

미디어에 소개되었던 얘기다. 차가 공터에 버려진 지 오래

되어 경찰이 번호를 추적해갔더니 일흔이 훌쩍 넘은 노인이 그때그때 일을 하며 살고 있었다. 얼마 전까지는 아파트 경비를 했는데 그것도 나이가 드니 더 이상 할 수 없어서 지금은 공공근로를 하며 지낸다고 했다. 가족은 어떻게 되었냐고 물어보니 모두 있는데 자신만 나와 있다고 한다. 이렇게 나오게 된 사연이 기구하다. 초등학교 교장으로 퇴직을 하여 형편이 별로 나쁘지도 않았다. 그런데 친구에게 사기를 당한 게 화근이었다. 돈을 수억 원 날린 뒤 아내와 다툼이 잦아졌고, 자신이 너무 못난 것 같아 자책하다가 결국 차 하나 가지고 가출을 해서 아파트 경비 등을 해서 살아왔던 것이다.

50대 초반, 자식들에게 한창 돈이 들어갈 때 퇴직을 해서 버는 게 없으면 돈은 가뭄에 저수지 물 줄어들듯이 빠져버린다. 좋은 학교 나오고 좋은 직장에 들어가서 잘살고 있다가 퇴직을 조금 빨리 했다는 이유만으로 10년 정도 세월이 지나면 거의 빈곤층으로 떨어져버린다. 그게 아니더라도 은퇴창업, 금융사기, 중대질병, 성인자녀, 황혼이혼 등으로 소득이 떨어져 수명이 다하기도 전에 돈이 모두 바닥나버리는 '은퇴파산'이 앞당겨지기도 한다.

✦ 은퇴자 가구당 평균수입[2]

연령	금액	하락 폭
50대	441만 원	35% 하락
60대	282만 원	45% 하락
70대 이상	154만 원	

    실제로 고령사회는 소득이 줄어들고 계층 간 소득격차도 확대된다. 미래에셋은퇴연구소의 「2013 은퇴자 가계수입의 이중추락과 양극화」 보고서에 따르면 60대 가구의 평균수입은 282만 원으로 50대 가구의 평균수입 441만 원에 비해 35%나 하락하고 70대 이상의 수입은 154만 원으로 60대에 비해 다시 절반 가까이 축소된다고 한다. 평균소득이 아니라 소득을 높은 순으로 배열하여 중간소득에 해당하는 중위소득을 기준으로 하면 50대 384만 원에서 60대는 215만 원, 70대는 95만 원으로 더 가파르게 추락한다.

    은퇴자 가구에서는 가계소득이 하락할 뿐 아니라 가계소득의 양극화도 크게 나타난다. 소득 상위 20%의 수입을 하위 20%의 수입으로 나눈 값을 보면 50대는 7.3배인데 60대 이후는 14.6배로 확대된다. 홍석철 교수는 1990~1999년과

2000~2010년으로 나누어서 해당 기간 중에 연령별로 소득이 어떻게 분포되어 있는가를 분석했다. 그 결과 1990년 대는 50세 이후 소득 불평등도가 증가했으나 2000년대는 45세를 전후하여 소득 불평등도가 증가했다. 소득격차가 좀 더 빨리 발생한 것이다. 그리고 연령이 높아질수록 불평등도는 증가하는데 1990년대에 비해 2000년대의 불평등도가 더 높게 나타났다. 또한 고령층의 소득 불평등도의 확대로 인해 사회 전체의 소득 불평등도도 확대된다고 보았다.[3]

노인 소득격차를 국제적으로 비교해보면 심각성이 두드러진다. 공공사회연구원의 보고서에 따르면 우리나라는 65세 이상 노인빈곤율이 49.6%로 두 명 중 한 명이 빈곤에 시달린다. 이 비율은 2006년 43.9%에서 지속적으로 높아지고 있다. 노인빈곤율은 노인층에서 소득이 중위소득의 절반이 되지 않는 사람들의 비중을 말한다. 이는 OECD(경제협력개발기구) 평균 12.4%의 4배에 이르는 수준으로 우리나라는 OECD 국가들 중 노인빈곤율 1위를 차지하고 있다. 연령대가 높아질수록 빈곤율이 높아지니 노인빈곤율이 전체인구 빈곤율의 약 3.4배에 이른다. 25~64세까지의 빈곤율은 우리나라도 OECD 평균 정도를 차지하지만 65세 이상부터는

노인빈곤율이 OECD 평균의 4배 수준에 이를 정도로 높아진다.[4]

이러한 불평등도는 몇 가지 원인이 있다. 첫째, 고령층일수록 취업가구와 미취업가구 간의 소득격차가 더욱 크며, 시간이 지남에 따라 소득격차의 폭이 증가한다. 고령자의 소득은 근로소득, 금융소득, 공적연금과 같은 이전소득으로 구성되는데, 공적연금의 비중이 높지 않는 한 근로소득의 여부에 따라 소득 차이가 난다. 특히 공적이전소득의 비중이 낮고 근로소득의 비중이 높기 때문에 취업 여부가 노후의 소득에 큰 영향을 주는 것이다. 실제 우리나라는 60대 가구의 경우 근로소득과 사업소득이 전체소득의 61%를 차지하며 70대 이상 가구에서는 약 3분의 1을 차지한다. 우리나라 평균 퇴직나이가 53세다. 그러다 보니 소득 불평등의 확대도 45세를 전후하여 비교적 빨리 발생하고 있다. 그리고 불평등도는 분석대상 최고령인 70세까지 지속적으로 증가한다. 빨리 발생하여 오래 지속되는 셈이다.

둘째, 기술이 급격히 변하면서 고령층이 부가가치를 낼수 있는 양질의 일자리가 적다. 그러다 보니 취업자 간에도 임금격차가 커지고, 재취업을 하더라도 임금이 뚝 떨어진다. 50대에 비해 60대 가구는 평균소득이 약 35%가 하락하고 70대 가구는 또 다시 45% 하락한다. 50대에 비해 70대 가구는 대략 65%가 하락하는 셈이다. 퇴직 후 소득절벽이라 할 만하다. 문제는 저소득층일수록 하락률이 더 커져서 50대에 비해 70대는 약 70~75%가 하락한다. 50대에서 60대로의 하락률을 보면 이전소득 등을 제외하고 근로소득과 사업소득만을 기준으로 할 경우 50대 평균 370만 원에서 60대는 171만 원으로 54%가 하락한다.[5]

셋째, 수명은 하루가 다르게 길어지고 있지만 조기퇴직자가 많아지는 등 직장은 오히려 더 빨리 그만두어야 한다. 이번에 정년을 60세로 법제화한 게 어느 정도 도움이 되겠지만, 임금피크제와 조기퇴직으로 여전히 불안정한 상황이다. 조기퇴직은 자칫하면 소득하락의 악순환을 가져올 수 있다. 50대 초반에 대기업을 나와서 일을 하지 않고 10년 정도 지내다 보면 생활이 급속하게 악화된다. 이 시기는 자녀 교육비와 결혼비용이 많이 들어가기 때문에 모아두었던 돈도 바닥이 나게 되고 시간이 지날수록 취업도 어렵게 되면서 어느 순간에 빈곤층 대열에 끼게 된다.

무엇보다 은퇴 전보다 은퇴 후가 문제다. 연금의 소득대

체율도 높지 않은 상황에서 최소 30년을 살아가야 한다. 한 번의 궤도 이탈이 한순간에 노인빈곤을 가져올 수 있다. 궤도에서 이탈하지 않은 사람과의 격차가 계속 확대되는 구조다.

지금의 노인층은 우리 사회에 공적연금이 완전히 정착되지 않았기 때문에 국민연금을 본격적으로 받게 되는 베이비부머 세대와 다를 수 있다. 하지만 우리나라는 여전히 저연금사회이기 때문에 공적연금만으로 이러한 불균형을 치유하기 어렵다. 미래의 고령사회도 여전히 소득불평등사회가 되는 셈이다.

우리나라는 평균 53세에 주된 직장에서 퇴직하지만 그 이후도 70세까지 일을 하는 등 고령자가 일을 오래한다. OECD 평균에 비해 경제활동 참가율이 2.7배가 높다. 그럼에도 노인빈곤율이 높은 이유는 노후연금제도가 아직 취약하고 노후의 일자리가 양질이 아니기 때문이다. 이러한 빈곤율을 해소하기 위해서는 연금을 철저히 준비하는 것과 동시에 오랫동안 질이 좋은 일자리를 갖도록 해야 한다. 자신의 일을 하면 건강이 허락하는 한 은퇴가 없다. 버크셔 해서웨이 회장인 워런 버핏은 85세이고 앤드루

매케나 맥도날드 회장은 86세이다. 80대 경영인 중 상당수가 앞으로 10년은 더 일할 수 있다고 공언한다. 70대에 그림을 그리기 시작한 그랜드마 모제스는 101세로 세상을 떠날 때까지 그림을 그렸다. 물론 쉽지 않은 일이다. 그래서 기술을 가져야 하고 나에 대한 투자가 필요하다.

소설 속 고령사회

앨버트 브룩스의 소설 『2030년 그들의 전쟁』의 배경이 되는 미래 세상은 어디나 노인들이 넘쳐나고 젊은이들은 비싼 대학등록금 때문에 졸업과 동시에 빚더미에 앉게 된다. 과학의 발달로 일자리는 줄어들고, 임금은 매우 낮으며, 그마저도 노인들을 위해 쓸 돈을 공제해간다. 암이 정복되고 관절도 줄기세포로 복원되면서 나이 든 사람들은 마라톤도 할 판이다. 80세인 사람들이 그들의 부모가 40대였을 때보다 더 젊어 보인다. 맥스 레오나드라는 젊은이는 2,500명이 타고 있는 유람선을 납치하고 대통령과 직접 면담을 요구한다. 18세부터 죽을 때까지 투표권을 주는 법을 바꾸어 투표권을 70세로 제한하는 법률을 제정해달라는 것이 그의 주장이었다. 맥스는 결국 총을 맞아 죽는다.

젬마 말리가 쓴 프랑스 소설 『잉여인간 안나』도 있다. 2009년 프랑스 청소년상상력 대상을 수상한 소설로 2140년 영국이 배경이다. 먼 미래의 인류는 먼저 태어났다는 기득권만으로 알약을 먹으면 거의 영원히 살 수 있게 된다. 그러나 조건이 있다. 자신이 영원히 살려면 자식을 낳지 않아야 한다는 것이다. 자식을 낳으려면 스스로 수명을 연장하는 약을 먹는 것을 포기해야 한다. 이 조건을 어기고 태어나는 아이는 잉여인간이 되어 그레인지 수용소에서 집단으로 관리를 받는다. 이들은 합법적인 인간에게 필요한 공기와 자원을 축내기 때문에 합법적인 인간들의 집에서 봉사를 하며 지내는 것이 최고의 가치로 알도록 세뇌를 받는다. 이 수용소에 피터라는 소년이 들어오게 되는데, 바깥 세상과 안나의 부모님에 대해 이야기해주며 결국 안나와 함께 탈옥한다.

3만 3,000시간의
TV 시청

　60세에 은퇴해서 평균수명인 85세까지 산다고 가정해보
자. 앞으로 평균수명이 더 길어질 테고 또 평균수명보다 더
사는 사람도 현재 40% 이상이니 보수적으로 보아 수명을
95세로 잡아야 하겠지만 여기서는 그냥 평균적인 수명에 근
거하여 은퇴 후의 평균적인 시간을 계산해본다.

　은퇴 후 시간은 수면, 식사, 건강관리 등 일상생활에 꼭
필요한 '필수시간'과 질병 등으로 한나절 이상 누워 지내는
상태로 일상생활이 불가능한 '와병시간'으로 나누어볼 수

있다. 이 둘은 우리가 어떻게 변경하기 쉽지 않다. '가용시간'은 총시간에서 우리가 어찌할 수 없는 필수시간과 와병시간을 제외한 것으로, 일이나 여가에 재량으로 이용할 수 있는 시간이다.

미래에셋은퇴연구소의 보고서[6]에 따르면 은퇴 후 총시간은 22만 시간이다. 여기에서 필수시간과 와병시간이 반 정도가 되고 가용시간이 11만 시간으로 나머지 절반 정도를 차지한다. 11만 시간을 근로자의 연간 근무시간 2,160시간으로 나누면 50년이 나온다. 즉, 11만 시간은 근로자가 50년간 일하는 시간에 해당하는 셈이다. 무척 긴 시간이다. 은퇴자들은 이 시간을 어떻게 보내고 있을까?

전체적으로 노후의 가용시간 중 여가에 6을 배분하고 일하는 데 4를 쓰고 있다. 여가시간 활용을 보면 절반인 3만 3,000시간을 TV 시청에 할애한다. 일수로 환산하면 1,383일이 되고 연수로 환산하면 약 3.8년에 해당한다. 먹지도 않고 자지도 않고 3.8년을 TV만 본다고 할 수 있다.

75세 이후의 은퇴 후반기를 따로 떼어보면, 전반기에 비해 TV를 보는 시간이 늘어나고 일하는 시간은 줄어든다. 은

✦ 은퇴자의 평균 가용시간 활용 비율[7]

일(40%)

여가(60%)

TV 시청
(여가시간의 절반)

퇴 전반기에는 가용시간 중 일하는 비중이 43%인 데 비해 은퇴 후반기에는 그 비중이 29%로 하락한다. 은퇴 후반기에는 일을 덜하는 시간을 종교, 문화 활동, 교제와 같은 적극적 여가시간으로 활용하는 게 아니라 거의 대부분을 TV 시청과 같은 소극적 여가생활로 써버린다.

가용시간 활용을 성별로 보면 남성이 훨씬 큰 변화를 겪는다. 60~74세에 해당하는 은퇴 전반기에 여성은 일의 비중이 46%이고 남성은 38%이다. 그런데 75세 이후의 은퇴 후반기에 접어들면 여성은 그 비중이 32%로 하락하는 반면 남성은 23%로 떨어진다. 남성은 은퇴 후반기에 가용시간의 78%나 여가시간이며 이 시간의 대부분을 TV를 보며 보낸다. 젊을 때는 여자들이 주로 TV 앞에 앉아 있었다면 은퇴 후반기에는 남자들이 TV를 붙들고 사는 셈이다.

일의 비중이 은퇴 전후반기에서 남성이 더 크게 차이 나는 이유는, 여자는 가사노동을 하는 데 일정시간을 할애하지만, 남성은 가사노동의 비중이 매우 낮기 때문에 은퇴 후반기에 다른 일을 하지 않으면 전체 일하는 시간의 비중이 줄어들기 때문이다. 평균수명으로 계산한 것이 이 정도인데 95세까지 사는 사람으로 계산하면 상상하기 힘들 정도로 거대한 시간이다.

고령사회는 시간부족time poor에서 시간과잉time rich 사회로 바뀐다. 젊은 층이 많던 산업화시대에 우리는 항상 '빨리 빨리'였고 '시간 없으니 요점만 말해'였다. 가족들은 가장의 얼굴 보기가 쉽지 않았다. 우리나라뿐 아니다. 브리짓 슐트는 『타임푸어Time Poor』에서 어마어마하게 바쁜 맞벌이 주부의 이야기를 그리고 있다. 저자 자신이 퓰리처상을 수상한 기자인데다 두 아이까지 두었으니 짐작할 만하다. 저자는 자신뿐 아니라 주변의 맞벌이 주부들 모두 시간이 부족하다는 데에 초점을 두었다. 직장을 다니는 젊은 층은 항상 시간이 부족하다.

하지만 은퇴 후의 삶은 다르다. 은퇴 후에는 시간을 어떻게 효율적으로 배분하여 부족한 시간을 조금이라도 여유롭게 만드느냐보다는 남아도는 많은 시간을 어떻게 생산적으로 활용할까가 더 중요해진다. 특히 남성은 노후에 일하는 시간이 뚝 떨어지는 시간절벽 현상을 보인다. 이를 위해서 노후에 TV 시청과 같은 소극적 여가를 일과 적극적 여가로 옮겨야 한다. 무엇보다 TV 보는 시간에 자신의 전문성과 기술 계발에 투자해야 한다. 한 가지 일에 1만 시간만 집중해도 전문가의 반열에 오른다고 하니, TV 보는 3만 3,000시간의 3분의 1만 일에 투자하면 전문가가 될 수 있다. 그렇게 하여 전문가가 되면 여러 가지 선순환 고리가 만들어진다. 전문가가 되면 보다 오랫동안 일할 수 있으므로 75세 이후의 일하는 시간도 늘어나게 된다. 은퇴 후 11만 시간이나 되는 많은 가용시간을 TV만 보고 지내는 것으로부터 일정 부분 일로 시프트shift 할 수 있다.

소득절벽과 시간절벽[8]

생산가능인구가 급속하게 떨어지는 것을 인구절벽이라 하는데, 은퇴 즈음인 60세 이후에는 개인이 직면하는 두 개의 절벽이 있다.

첫 번째는 소득절벽으로 은퇴를 하고 제2의 직장을 갖더라도 소득이 2중 추락한다. 60대 가구는 50대에 비해 소득이 36% 하락하고 70대는 60대에 비해 다시 45% 하락한다. 결국 70대는 50대 소득의 30%가 안 되는 것이다. 소득 중에서 근로·사업소득만을 따로 보면 더 심하다. 50대에는 370만 원이다가 60대는 171만 원으로 그리고 70대에는 51만 원으로 뚝 떨어진다. 가구주 총소득은 50대에 비해 70대의 소득이 35%인 데 비해 근로·사업소득은 70대가 50대의 14%에 불과하다.

두 번째는 시간절벽으로 은퇴 후에 일하는 시간이 급속히 떨어지는 것으로 남자에 주로 해당한다. 여성은 가사가 있어서 변화가 남성에 비해서는 덜하다. 가구주 취업률을 보면 50대는 89%인 데 비해 60대는 63%로 그리고 70대는 29%로 뚝 떨어진다. 은퇴 전반기(60~74세)에 남성은 2만 6,000시간을 일하고 은퇴 후반기(75세 이상)에는 8,100시간을 일하면서 일하는 시간이 70%나 하락한다. 반면에 여성은 2만 9,000시간에서 1만 8,000시간으로 40% 하락한다.

은퇴 전후 5년이
골든타임

　은퇴를 하고 난 뒤 초기에 어떤 상태에서 출발하느냐는 매우 중요한 문제다(여기서 은퇴는 주된 직장에서 물러나는 것을 의미한다). 요즘 금수저, 흙수저 얘기를 많이 한다. 태어날 때 이미 경제력을 어느 정도 갖추고 있으면 앞으로 살아가는 데 유리하다는 뜻으로 경제학에서는 이를 '초기부존자원'이라고 한다. 경제학에서는 통상 인적자본, 물적자본, 자연자원, 금융자산, 사업능력을 초기부존자원이라고 하는데, 초기부존자원이 어디에서 출발하느냐가 경제성장을 좌우한다. 남미는 부존자원은 많지만 북미 대륙처럼 발전하지 못했는데, 그 이유 중 하나는 이러한 자원을 활용할 좋은 시스템이 없었기 때문이다. 결국 한 국가는 초기부존자원과 이를 효율적으로 활용하는 시스템에 따라 성장의 궤적이 달라진다.

후생경제학에서도 동일한 결론을 내린다. 후생경제학에는 두 가지 유명한 정리가 있는데 제1정리는 이러저러한 가정이 만족되면 그냥 시장에 맡겨놓아도 가장 효율적으로 부富가 배분이 된다는 것이다. 제2정리는 부의 배분이 바람직스럽지 못할 경우 세금이라든지 시장의 가격변수의 개입으로 조정하려 할 것이 아니라 초기부존자원을 잘 조정해주면 된다는 것이다. 그렇게 하면 시장기능에 의해 원하는 방향으로 효율적으로 부가 재분배된다는 것이다. 즉 초기부존자원과 시장기능이라는 운영시스템이면 효율적으로 부가 배분된다.

이런 이유에서 은퇴 전후 5년은 아주 중요한 시기이다. 우선 은퇴 직전은 은퇴 후의 부존자원을 만들 수 있는 거의 마지막이자 가장 중요한 시기다. 그리고 은퇴 후 초기는 자신의 부존자원을 가지고 노후생활을 위해 출발하는 때이므로 이 자원을 잘 활용할 수 있는 시스템을 갖추면 노후를 평안히 보낼 수 있다.

은퇴를 앞둔 5년이 은퇴 후의 초기부존자원을 만드는 데 중요한 이유를 알아보자. 결혼 초기에는 자식을 양육하고 집을 마련하는 등 지출이 많은 반면 소득은 많지 않다. 40대를 넘어서면서 소득이 많아지고 저축 여력이 생기면서 노후준비를 본격적으로 시작한다. 그러다가 은퇴하기 5~10년 전이 되면 소득이 가장 많은 만큼 여러 가지 지출의 유혹도 많아진다. 자녀 교육비와 결혼비용 등 큼직한 지출들이 있다. 부채를 쓸 수도 있는 때다. 모아둔 노후자금마저 헐어서 자녀 결혼비용 등에 지출해버리면, 은퇴 후 새 출발을 할 때 초기부존자원이 거의 없게 된다. 여기에 부채까지 끌어서 지출을 한다면 노후 초기부존자원은 마이너스에서 시작하니 절망적이다. 반면 이 시기에 증가하는 지출을 잘 통제하여 노후자금을 마련한 사람은 은퇴 후 많은 초기부존자원으로 출발하게 된다.

앞서 언급했듯이 초기부존자원은 금융자산, 자연자원, 물적자본뿐 아니라 인적자본도 포함된다. 그런데 은퇴가 가까워지면서 인적자원의 가치가 점차 사라진다. 그러다 보니 은퇴 후에 새 출발을 할 때가 되면 초기부존자원에서 인적자원의 가치는 크지 않고 금융자산이 대부분을 차지한다. 이러한 불균형을 해소하고 총 부존자원을 늘리기 위해서는 45~55세를 전후하여 재교육 등을 통해 자신의 인적자원에 투자할 필요가 있다. 예를 들어 임금피크제에 걸려 은퇴를 앞두고 있을 때 상담심리학을 공부하여 상담심리 자격을 갖추게 되면 은퇴 후에 청소년 상담 일을 할 수 있다. 결론적으로 말해, 인적자산 투자와 금융자산 축적을 통해 은퇴 후 초기부존자원을 증가시켜야 한다.

주의할 것은 은퇴 시점에 초기부존자원을 잘 마련했다고 해서 노후준비가 끝난 것은 아니라는 점이다. 은퇴 후 초기에는 이렇게 갖추어진 초기부존자원을 계속 활용할 수 있는 시스템을 만든다. 첫 단추를 잘 꿰어야 한다. 젊어서는 다시 단추를 풀어서 새로 채울 시간이 있지만 나이가 들어서는 한 번 첫 단추를 잘 못 꿰면 다시 채울 시간이 없다. 잘못된 시스템으로 은퇴 후의 초기부존자원을 허비해버리지 말아야 한다.

여러 예가 있다. 은퇴 후 생각 없이 바로 창업을 하다가 모아둔 은퇴자산을 다 날려버리는 경우다. 은퇴 후 가지고 있는 금융자산을 연금화하지 않고 목돈으로 가지고 있다가 금융사기를 당하는 사람도 있다. 자식의 사업자금을 대주다 초기부존자원을 깡그리 날려버리기도 한다. 은퇴 후라도 2~3년이면 자신의 인적자본을 새로 만들 수 있는 기간인데 여기에 투자를 게을리하고 단순 소자본창업만 하려는 사람도 있다. 자산 활용능력이 떨어져서 1%대의 금리로 운용을 하다 보니 초기부존자원의 증식이 거의 어렵게 될 수도 있다.

다시금 강조하지만 은퇴 5년 전에는 금융자산과 인적자본 등을 축적하여 은퇴 후의 초기부존자원을 많이 형성해야 한다. 그리고 은퇴 후 초기에는 초기부존자원을 활용하는 효율적 시스템을 갖추어야 한다. 무엇보다 중요한 것은 사라져가는 인적자본의 가치를 다시 높여두는 것이다. 사고가 났을 때 인명을 살리는 데 중요한 시간이 한 시간 내외인데 이를 골든타임이라고 부른다. 은퇴 전후 5년을 놓치면 쉽지 않다. 골든타임이다.

인적자본

자본이란 주식, 채권, 은행예금, 공장, 설비 등을 말한다. 이것들은 소득이나 다른 생산물을 낳는다. 주식은 배당을 주고, 채권과 예금은 이자를 주며, 공장이나 설비는 물건을 만들어낸다. 시카고 대학교의 교수이며 1992년 노벨 경제학상을 수상한 베커G. Becker는 이뿐 아니라 학교에서 배우는 공부, 컴퓨터 실습, 의료비 지출, 도덕에 관한 강의도 자본이라고 보았다. 왜냐하면 이것들은 소득을 늘리고, 건강을 증진시키며, 좋은 습관을 형성시켜주기 때문이다. 그래서 교육, 훈련, 의료에 대한 지출을 인적자본human capital에 대한 투자라고 본다. 교육이나 훈련은 사람과 분리될 수가 없으므로 이러한 지출들로 형성된 사람이나 사람의 집합체를 인적자본이라고 한다. 인적자본의 가치를 높이는 투자는 일반적으로 교육, 훈련, 건강이라고 알려져 있다.

금융에서는 금융자산과 인적자본을 같은 범주에 넣어서 자산을 배분한다. 현금흐름을 할인하여 금융자산의 가치를 계산하는 것처럼 근로자가 받는 소득의 흐름을 할인한 값을 인적자본이라 부른다. 주식은 미래의 배당 흐름을 할인해서, 채권은 미래에 받을 이표를 할인해서 가치를 구한다. 마찬가지로 인적자산은 미래에 받게 되는 임금이나 연금의 가치를 할인하면 된다. 이러한 인적자본도 소득 흐름의 변동성에 따라 다양하고 금융자산의 특성과도 다르므로 금융자산과 더불어 최적화 방법으로 배분할 수 있다. 이것이 생애설계다. 위의 인적자본의 가치를 계산할 때 노동이 산출하는 소득 흐름을 할인하는 방법이 개념적으로 가장 간단하다. 이러할 경우 소득이 없는 사람은 인적자본의 가치가 '0'이라는 삭막한 결론이 나와 문제의 여지가 있지만 간단히 비교하기에는 좋은 기준이어서 많이 사용한다.

은퇴 5년 전
다시 고3이 되자

　고3 수험생을 대학교에 보낸 40대, 50대 학부모라면 불확실성이 난무하는 입시세계에서 자녀를 대학교에 보내고 나서 더없는 해방감을 느낄 것이다. 이제는 할 바를 다했으니 두 다리를 뻗고 쉬어보자고 생각할 게다. 아니다. 이제는 여러분이 고3이 된다. 지금의 베이비부머들에게 고3이란 시기는 이때 진로를 잘 선택하고 열심히 공부해서 원하는 대학을 가면 그 이후의 인생은 탄탄대로가 되는 때였다. 마찬가지다. 은퇴를 전후한 4050세대는 지금 은퇴에 관한 방향 선택을 잘하고 열심히 노력하면 은퇴 후 30, 40년이 편해지니 고3이나 다름없다.

이야기 하나. 친구의 큰아버지는 교육공무원으로 정년퇴임하고 지금은 아흔이 넘으셨다. 정년퇴임할 때 퇴직금을 일시금으로 다 받을까 연금으로 받을까 고민하다가 반씩 받기로 결정했다. 그 당시는 연금에 대한 개념도 별로 없고 100세 시대도 아니었기 때문에 일시금으로 받는 사람도 많았다. 그러나 친구의 큰아버지는 그렇게 퇴직금의 반을 연금으로 받기로 결정한 덕분에 지금은 매월 200만 원을 받는다. 손자에게는 볼 때마다 용돈을 주는 할아버지로 인식이 되어 있다.

이야기 둘. H씨는 어렵사리 대기업에 입사해 다니다가 40대에 그만두고 다른 직장을 찾다가 제빵업을 하게 되었다. 체인점을 하지 않고 아내와 함께 직접 운영하려고 6개월 만에 제빵사 자격증을 딸 정도로 열심히 했다. 빵가게를 운영하면서 어려움도 있었지만 잘 참아내고 있었는데, 가까운 곳에 새로운 빵집이 들어서는 바람에 결국 문을 닫게 되었다. 그 와중에 당뇨에다 갑상선 근종까지 얻어 인터넷 게임과 술에 빠져 세월을 보냈다. 그러다가 다시 마음을 다잡고 기술사가 되겠다는 목표를 세웠다. 산업안전에 대한 일에 흥미를 느낀 그는 도전한 지 2년 만에 소방전기기사, 소방기계기사, 가스안전기사, 보일러기능사, 공조냉동기능사 등 4개의 기사와 2개의 기능사 자격증을 주경야독하면서 땄다. 이렇게 자격증을 따니 여러 업체들에서 앞 다투어 연락이 온다고 한다. H씨가 한 말이다. "노후설계란 젊은 시절에 비해 실수를 만회할 기회가 많지 않기 때문에 더 많은 노력과 심사숙고가 필요한 일일 수밖에 없습니다."[9]

이처럼 40, 50대는 은퇴 후 어느 길을 택하고 또 얼마나 노력하느냐에 따라 향후 30, 40년의 인생이 달라진다. 그런데 문제는 우리가 고3일 때 왜 열심히 공부를 해야 하는지 처절하게 깨닫지 못한 것처럼 40, 50대 때도 왜 노후준비를 해야 하는지 절감하지 못한다는 것이다. 머리는 끄덕이지만 몸까지 움직여주지는 않는다. 노후준비에 대해 물어보면 국민연금 정도라고 말하는 사람이 절반 이상이나 될 정도다. 은퇴 후 11만 시간을 어떻게 보낼 것인지에 대한 생각도 별로 없다. 당장 헤쳐 나가야 할 현실의 팍팍함 때문이지만 뇌가 게으른 탓도 있다. 뇌는 당장에 닥친 일이 아니면 먼 미래를 보고 준비를 미리 하는 훈련이 안 되어 있다.

행동재무학에 따르면 사람은 당장 닥친 일이 아니면 준비를 하려 하지 않는 경향이 있다. 뉴욕 대학교의 사회심리학자 할 허쉬필드 교수는 "사람들로 하여금 노후대비 저축을 많이 하게 하려면 그 사람이 늙었을 때의 모습을 보여주면 된다"라고 했다.[10] 재미있는 것은 다른 사람의 늙은 모습을 보고는 대비를 하지 않는다는 것이다. 그러니 우리가 다른 사람들의 은퇴를 아무리 얘기해도 공염불이 될 가능성이 크다는 얘기다.

본인이 자각해야 한다. 인류가 200만 년을 살아오면서 은퇴에 관해 심각하게 고민을 한 것이 불과 50년도 안 되기 때문에 뇌는 그 문제에 게으를 수밖에 없다. 뇌를 편하게 내버려두지 말고 의도적으로 채찍질해야 한다. 은퇴에 관한 책도 읽고 선배들이 어떤 생활을 하고 있는지도 보면서 자신의 노년을 그려볼 필요가 있다. 그러면 노후의 목표가 더 명확해진다. 목표가 명확해지면 동기가 부여되기 때문에 노력하게 된다.

고3처럼 공부를 하고 기술을 익히고 자신의 전문성을 키워야 한다. 우리나라는 대학교육까지는 사생결단하고 많은 자금을 투입하는 반면 정작 평생교육에는 인색하다. '공부하다 죽어라'는 말이 고3 때는 이상하게 들리지 않았다. 은퇴가 얼마 남지 않은 우리도 지금 같은 마음이어야 한다. 친구 중에는 나이 50 넘어서 공인노무사 자격증도 따고 박사학위도 땄다. 대학교 입시공부한다 생각하면 하지 못할 일이 없을 것이다. 자식이 아닌 나의 '제2의 고3'을 실천해보자.

돈도 나도
회춘해야 한다

　의사가 환자에게 통증의 정도를 물어볼 때 1~10 사이에서 표현해보라고 한다. 1이면 별로 안 아프고 10이면 아주 아픈 상황이다. 마찬가지로 앞으로 닥칠 저금리·고령화 시대의 정도를 1부터 10까지로 나타낸다면 대략 8~10 정도에 해당한다. 이를 헤쳐 나가기 위해서는 특단의 조처가 필요하다. 돈과 나를 젊게 만들어야 한다.

　고령화로 국가가 늙어갈 뿐 아니라 초저금리로 돈도 늙어버렸다. 1%대 금리로는 자산증식이 거의 되지 않는다. 그럼에도 우리나라는 대부분 원리금보장자산에 투자하고 있다. 예금이나 채권은 성장 가능성에 대한 투자라기보다는 확정된 금리만 받기 때문에 야성野性이 있는 돈이 아니다. 장수 시대를 대비하기 위해서는 늙어버린 돈을 젊게 만들어야 한다. 이를 위해서 장기적으로 원본을 훼손하지 않는 범위에서 저축자산에서 투자자산으로 자산을 이동해야 한다. 정기예금 같은 자산에서 주식이나 채권, 그리고 주식 관련 자산의 비중을 늘려야 한다. 자산의 수익을 1%대에서 5%대로 올려야만 의미 있는 복리 효과를 누릴 수 있고 자산증식도 가능해진다.

100세 시대에는 자산관리도 달라져야 한다. 수명이 길어지면 필요한 노후자금이 증가하는 부정적 측면이 있지만, 노후자금을 단기가 아닌 장기적인 시각에서 운용할 수 있는 장점도 있다. 이전에는 은퇴 후 10년쯤 있으면 아프고 그 후 몇 년 더 아프다가 세상을 떠났기 때문에 유동성을 가지고 있어야 했다. 하지만 지금처럼 은퇴 후에 30년 이상의 세월이 기다리고 있으면 장기투자의 여력이 커진다. 자산을 장기로 운용하면 단기로 운용하는 것에 비해 수익을 올릴 수 있는 기회가 많다.

장기투자는 유동성 프리미엄을 준다. 예를 들어 헤지펀드, 부동산펀드, 사모주식펀드PEF는 일정 기간 묶여 있어 원하는 때 바로 돈을 찾지 못하지만 이러한 불편함에 상응하는 만큼의 수익률을 얹어준다. 그래서 자금을 장기로 운용하는 생명보험사들은 초장기 프로젝트에 투자를 한다. 그뿐 아니다. 위험자산을 보유해도 장기적으로는 그 위험이 단기로 운용하는 것에 비해 줄어드는 게 일반적이다.

펜실베이니아 대학교 와튼 스쿨의 제러미 시겔 교수는 주식, 장기채권, 단기채권의 위험을 보유기간별로 측정해보았다. 주식은 1년 보유하면 표준편차로 측정한 위험이 18%인데, 10년 보유하면 5%로 줄어들고 30년을 보유하면 2%로 낮아지게 된다. 장기채권은 1년 보유하면 위험이 9%인데, 10년 보유하면 4%로 줄어들고 30년을 보유하면 2%를 약

✚ 주식 및 장기채권의 보유기간과 위험도

보유기간	주식	장기채권
1년	18%	9%
10년	5%	4%
30년	2%	2%

간 웃돈다. 위험이 큰 자산일수록 보유기간을 늘리면 위험이 줄어든다는 것을 보여준다.[11]

수명이 길어진 만큼 노후의 자산관리는 장기투자의 비중을 늘리는 방향으로 사고의 패러다임을 바꾸어야 한다. 이제는 위험자산의 비중을 '100-나이'로 생각하는 과거의 틀을 벗어나야 한다. 다만 노후에는 젊을 때 자산을 축적하던 시기와는 달리 위험을 너무 취할 수는 없다. 이를 위해서는 자산을 철저히 분산할 뿐 아니라 우량한 자산을 가질 필요가 있다.

국내를 벗어나 글로벌로 분산투자한다. 이를 통해 늙어가는 우리나라를 벗어나 베트남, 인도와 같이 젊은 국가의 성장에 투자할 수 있다. 과거에는 식민지 건설을 통해서 해외의 부를 흡수하다 보니 총독, 군대, 행정, 치안 등 여러 인프라 비용이 소요됐다. 그러나 이제는 자본의 투자로 가능해졌다. 그 나라의 주식이나 시설에 투자하면 부가가치를 흡수할 수 있다. 젊은 국가에 투자하여 우리의 자산 구성을 안정시킬 수 있다.

나를 회춘시키는 것도 중요하다. 장수시대가 되었는데 오히려 생각은 일찍 늙어버렸다. 신체적 기능이 좋아지고 수

명도 길어졌지만 사회 시스템이 이전의 수명에 맞게 짜여 있다 보니 이 시스템을 생각 없이 따라간다. 55세에 은퇴를 한 뒤 기나긴 은퇴생활을 별다른 일 없이 산다. 55세는 은퇴시기가 절대 아님에도 우리는 조로하고 있다. 인적자본의 가치를 너무 빨리 사장시키고 있는 것이다. 나를 회춘시켜야 한다. 나를 회춘시키는 것은 내 얼굴이나 몸을 젊게 보이는 외형적인 것이 아니다. 나의 인적자본을 아깝게 내버려두지 말고 다시 가치를 높이자는 것이다.

이주호 한국개발연구원 교수가 2016년 2월 발표한 자료에 따르면 OECD 국가 중에서 한국인의 학업능력은 고등학교 1학년 때는 1등인데 55세면 거의 꼴찌가 된다. 취업 후 서서히 역량이 떨어져 35세부터 비교국가들보다 낮아지고 45세부터는 큰 폭으로 뒤진다.[12] 자신에 대한 투자가 없기 때문에 인적자본의 가치가 크게 하락하는 것이다. 이러할진대 은퇴 시점에 인적자본 가치가 얼마나 남아 있겠는가? 장수사회에 적응해야 한다. 1인 1기一人 一技를 위해 자신에게 투자해야 한다. 장수시대는 회춘시대回春時代다. 돈도 나도 회춘시켜야 한다.

노후자산의 특징

노후의 자산관리는 젊을 때 자산을 축적할 때와는 결정적으로 다른 차이가 있다. 젊을 때는 근로소득을 통해 계속 돈이 유입되는 반면 노후에는 순유출로 인해 금융자산이 줄어간다. 포커판이라면 매번 포커판에 판돈을 대주는 게임과 매번 포커판에서 판돈을 빼가는 게임의 차이다. 전자는 베팅에 실패를 해도 그다음에 베팅을 해볼 수 있는 자금이 유입되는 반면에 후자는 연속적으로 몇 번 실패를 하면 판돈이 크게 줄어들어버린다.

실제로 모의 포커게임으로 시뮬레이션을 해봤다. 미래에셋은퇴연구소의 「인출 시기의 자산관리 방식」을 보면, 인출을 하는 포커게임에서 위험 부담(베팅)을 감수하고 얻는 대가가 적립을 하는 포커게임에서 위험 부담을 감수하고 얻는 대가에 비해 낮게 나타난다. 즉 인출을 하는 포커게임에서는 베팅을 많이 하지 말아야 이길 확률이 높아진다는 것이다.[13]

이를 노후의 가상자산으로 시뮬레이션해보면 인출 시기에는 위험자산의 비중이 30~50%인 것이 적당한 것으로 나타난다. 노후에 인출을 하면서 자산관리를 할 때는 중위험·중수익으로 위험을 줄일 필요가 있다. 이를 위해서는 자산을 분산하고 우량한 자산을 보유해야 한다. 다만 노후에도 연금 등으로 현금 유입이 많다면 굳이 위험자산 비중을 크게 줄일 필요는 없다.

2장

왜
기술이 필요한가

퇴직 후
세 친구가 선택한 길

　선배의 친구들 얘기다. 60세 전후에 동기들이 퇴직을 했
는데 유독 세 친구가 색다른 길을 걸었다. A는 공방을 하겠
다고 했고, B는 집을 짓겠다고 했고, C는 산에 나무를 심겠
다고 했다. 7년 전 일인데 당시에는 다른 친구들에게 세 사
람의 행보가 좀 어리둥절했고 엉뚱하게 보였나 보다. 그냥
작은 직장으로 옮겨 고문이나 이런 걸로 몇 년 보내다가 은
퇴생활을 하면 될 텐데 생전에 해보지도 않은 일을 왜 하느
냐는 눈치였다.

A는 우선 목수일을 배워 장롱 같은 가구를 만들었다. 나무를 구하러 전국을 돌아다니다 보니 이곳저곳 구경도 할 수 있어 좋았고, 목수일이 육체적인 일이다 보니 몸도 오히려 더 건강해졌다. 그는 점점 허연 수염에 구릿빛 피부가 되어갔다. 전공이 공학이어서 일도 꼼꼼하게 잘해냈다. 자신의 공방을 카페처럼 차려 동네 사모님들이 차도 마시고 정보도 교환하는 장소로 만들었다. 이전에 공부라면 한가락 했으니 사모님들에게 자녀 교육이나 공부에 관한 컨설팅까지 해주었다. 이러다 보니 카페가 늘 북적거려 심심하지도 않았다. 장롱을 만들어놓았는데 가격표가 300만 원이나 되기에 이 가격에 사가는 사람이 있냐고 물어보니 사간다고 했다.

B는 퇴직 후 집을 지으러 다녔다. 이것도 흙집이 있고 나무집도 있고 조립식 주택도 있다. 흙부대로 짓기도 하고 황토흙으로도 짓는다. 집 짓는 것이 쉽지 않은 것은 당연지사다. 캐나다는 나무집이 많아서 그런지 목수일을 배워 가면 먹고산다고들 얘기하는데, 나이 들어 남의 나라 집 고치는 것은 경쟁력이 없을 것 같았다. 그래서 지금은 집 짓는 사람을 도와주면서 일을 배우고 있다. 집 짓기 자원봉사를 하면서 보람을 많이 느끼고 사람도 알아가는 것은 덤이다. 세월

이 흐르면서 조금씩 집 짓는 것도 알게 되는 것 같다.

C는 산에 나무를 심고 과수원을 했다. 산을 하나 사놓은 게 있어서 과실수를 심어서 수확하고 목재용 나무도 심는다. 매일 산에 가서 나무를 심고 과실수를 돌보다 보니 몸은 자연스레 건강해졌다. 일본은 목재를 활용하는 산촌생활이 주목을 받고 있다는데 살다 보면 우리나라에도 그런 유행이 올 때가 있지 않을까 싶다. 산에 심는 목재는 재미있는 측면이 있다. 키우는 데는 오래 걸리지만 키우고 나면 돈이 필요할 때마다 조금씩 잘라서 팔아 쓰면 된다. 나무는 너무 빽빽하면 다른 나무들이 자라지 못하므로 베어서 팔아야 하고 산을 관리해주어야 한다. 나무를 파는 것은 채권을 사서 이표coupon를 떼어서 이자를 받는 것과 마찬가지며 예금통장에서 이자를 받는 것이기도 하다. 현금 등가물이 산에 있는 셈이다. 아직 큰 돈벌이는 되지 않지만 먹고사는 데 자신감이 생긴 것은 수확이라고 했다.

처음에는 그런 일을 왜 하는가 의아해하는 친구들이 많았지만 지금은 다들 이 세 사람을 부러워한다. 이 길을 일찍 걸었으면 노후의 삶이 훨씬 달라졌을 거라는 얘기다. 하지만 글로 써놓으니 쉽게 보일 따름이지 결코 쉬운 길이 아니다. 미래의 불확실성에 투자를 한 것이며 숱한 난관들을 이겨낸 결과다. 그래서 강한 의지가 중요하다. 이러한 기술의 길은 들어갈 때는 좁지만 일단 들어가고 나면 넓게 펼쳐진다.

나이 53세에 28년 다니던 대기업을 그만두고 옹기장이로 성공한 사람이 있다. 현재 옹기 갤러리를 운영하고 있고 아내는 갤러리 사장이다. 이렇게 되기까지 여러 가지 어려운 결정들이 있었다. 우선 직장을 그만두고 무엇을 할지를 선택하는 갈림길이다. 자신이 좋아하는 일, 80세까지 할 수 있는 일, 용돈이라도 벌 수 있는 일 등의 기준으로 정하다 보니 도예로 결정났다. 그리고 이를 실행하기 위해 다시 대학교 도예과에 입학했다. 가족의 생계는 아파트를 처분하고 퇴직금을 보태 다가구 주택을 사서 거기서 나오는 월세로 생계를 보조했다. 옹기 장인을 우연히 만나 그를 따라 산골에 들어가 2년 동안 배우기도 했다. 마치 무협지의 한 장면을 연상케 한다. 아내는 이러한 결정을 받아들여주고 어려울 때 격려해줬다. 1단계 성공한 지금, 그는 다시 꿈을 꾼다. 전통 옹기에 관한 책을 쓰는 것, 전통 옹기를 가르치는 전문학교를 세우는 것, 마지막으로 호주나 영국, 프랑스 등에 옹

기 갤러리를 만드는 것이다. 목표가 있는 삶이 되었다.[1]

'시작이 반이다'는 격언이 있다. 하지만 실행력도 중요하다. '악마는 디테일detail에 있다'는 말처럼 작은 부분들을 잘 돌파해가야 한다. 옹기장이가 된 위의 과정을 보면 난관 하나하나마다 의사결정하고 또 이를 실행해가는 게 무척 어려웠을 것이다.

친구나 선후배 들을 만나보면 노후 걱정을 많이 하는데 정작 행동은 따르지 않는다. 그래도 이것저것 묻다 보면 나름대로 재주나 기술, 취미도 가지고 있다. 50대 중반으로 평생 경제분석 업무를 해온 후배는 일본에 관한 연구도 오래 해왔는데 소바를 만들고 싶어 하고 잘 만들 수 있을 것 같다고 한다. 이것저것 많이 하지 말고 소바와 튀김만 하는 가게를 하면 어떨까 하고 말했다. 소바만 하면 겨울장사가 어렵기 때문이다. 평생 머리만 썼으니 이제 노후에는 몸을 쓰는 일을 해보는 것도 좋은 생각인 것 같아서 당장 만들어서 주변 사람들에게 선을 보이라고 했다. 소질이 있으면 지금부터 공부하고 주변 사람들에게 만들어 주다가 나중에 일본 가서 1년 정도 공부하고 돌아오면 좋을 것이라는 말도 덧붙였다. 대답은 하는데 '당장은 좀……'이라는 표정이었다.

반면에 말하는 게 조심스러울 정도로 행동이 빠른 사람도 있다. 지난해에 명예퇴직을 하고 나온 친구가 있다. 모임에 나와서 얘기를 나누는 가운데 방송통신대학교 이야기를 해주었다. 등록금도 싸고 도서관도 이용할 수 있고 사람들과 모임도 가지며 모르는 게 있으면 교수에게 얼마든지 물어볼 수 있으니 적극 추천한다고 했다. 석 달 정도 있다가 만났는데 집에 대학교 3학년이 세 명이라고 했다. 첫째는 재대해서 3학년에 복학했고, 둘째는 3학년에 올라가고, 자기는 방송통신대학교 관광학과 3학년에 편입했다는 것이다. 요즘 교재를 열심히 공부하고 있다고 했다. 실행력이 정말 좋은 친구이다.

노후준비는 많이 공부하는 것뿐 아니라 잘 실행하는 것도 중요하다. '아는 것이 힘'이 아니라 '하는 것이 힘'이다. 기술이나 전문성을 가지고 자기 일을 하든지 전문성을 가지고 재취업을 하든지 간에 일단 실행에 옮기는 게 필요하다.

우공이산愚公移山이라고 한다. 『열자列子』에 나오는 얘기로 바른 길을 굳건히 밀고 가는 의지와 멀리 내다보는 사고의 중요성을 얘기하고 있다. 이야기인즉, 우공이라는 사람이 살았는데 집 앞에 큰 산이 두 개 있어 길을 돌아가야 하니 항상 불편했다. 하루는 가족들을 모아 산을 편평하게 만들어서 남쪽까지 길을 내겠다고 했다. 다른 가족들은 찬성하는데 유독 아내만은 "어떻게 산을 깎을 것이며 이 흙들은 어디에 버릴 것인가" 하고 반대했다. 나이가 70세나 된 우공은 아들과 손자들을 데리고 산을 허물기 시작했다. 옆 동네 사람이 "나이도 많은 사람이 힘도 없고 곧 죽을 텐데 뭔 어리석은 일인가"라고 하자 우공의 답이 걸작이다. "자네의 지혜는 과부의 어린아이 지혜만도 못하네. 내가 죽더라도 자식이 있고 자식이 죽으면 손자가 생기고 그 손자에 또 자식이 생기지 않겠는가. 사람은 자자손손 대를 이어 불어나지만 산은 불어나는 일이 없으니 언젠가는 평평해지지 않겠는가." 옆에서 이 말을 듣던 산신령이 놀라서 옥황상제에게 찾아가 말려달라고 하자, 옥황상제는 장사를 시켜 두 산을 들어 다른 곳으로 옮겨버렸다고 한다.

세 친구의 이야기는 다들 늦다고 할 때 인생을 길게 보고 기술을 꾸준히 익힌 사례다. 이 사례와 함께 다음의 세 문구도 같이 머리에 넣어두자. '시작이 반이다', '악마는 디테일에 있다', '우공이산.' 한 번씩 어려움에 닥칠 때마다 펴볼 수 있는 세 가지 비책이다.

기술과 장수는
찰떡궁합

미국의 그랜드마 모제스Grandma Moses, 즉 모제스 할머니는 78세에 그림을 그리기 시작해서 101세에 세상을 떠날 때까지 붓을 놓지 않았다. 23년 동안 그림을 그리면서 그녀는 1,600여 점을 남겼다. 매주 1.3점의 그림을 그린 셈이다. 놀라운 것은 100세에서 101세까지 그린 그림이 무려 25점이라는 것이다. 늦게 시작하더라도 건강하게 오래 살면 우리도 얼마든지 가능한 얘기다.

물론 모제스 할머니가 78세 때 처음 그림을 접한 것은 아니다. 어릴 때부터 그리기를 좋아해서 과일즙으로 그림을 그렸는데, 잘 그리다 보니 마을 사람들의 벽난로 덮개에 그림을 그려주곤 했다. 할머니는 67세에 홀로되고 자수를 떠서 살아가다가 78세에 동생이 붓을 선물한 것을 계기로 그림을 그리게 되었다. 그러다가 이 그림을 동네 약국 주인의 권유에 따라 약국에 전시하게 되었는데, 마침 그 앞을 지나가던 뉴욕의 미술품 수집가의 눈에 띄게 되면서 그녀는 유명해지게 되었다. 사람 팔자는 알 수 없다. 촌동네의 나이 많은 할머니가 80세가 넘어 미국 전역뿐 아니라 프랑스, 영국, 독일 등지에서 전시회를 열 줄 누가 상상했겠는가. 1960년 뉴욕 주지사는 그녀의 100번째 생일을 '모제스 할머니의 날'로 선포했다.

모제스 할머니가 내린 결론은 이렇다. "70세에 선택한 새로운 삶이 이후 30년간의 삶을 풍요롭게 만들어주었다."[2] 그랜드마 모제스라고 하니 본명이 그랜드마라고 착각하는 사람이 있는데 본명은 안나 메리 로버트슨 모제스Anna Mary Robertson Moses이다. '김수한무 거북이와 두루미 삼천갑자 동박삭……'처럼 이름이 길어서 장수한 것이 아닌가 생각된다.

현존 최고의 장수사회인 일본을 보면 이런 일들이 비일비재하게 일어난다. 한 예로 요즘 일본은 나이가 들어 환갑이다 된 사람들이 문단에 처음 등단하곤 한다. 젊을 때의 문학도 꿈과 인생의 연륜이 더해져서 색다른 글을 쓰게 되는 것이다. 후지사카 가즈오는 74세에 일본 최고 권위인 군조신인문학상에서 우수상을 받았다.

박병희 씨는 올해 74세로 2년 전에 한국미술협회의 서예부문 초대작가가 됐다. 2002년부터 붓을 잡아 대한민국 미술대전 서예부문에 입선 2회, 특선 1회, 우수상 1회를 수상했다. 매일 3~4시간씩 서예에 매달린 결과다. 이제는 서울 송파구청의 서예 강좌에서 서예를 가르친다. 사람들에게 붓글씨를 써주면 좋아한다. 이러다 보니 좋은 사람과도 만나게 되어 인간관계가 넓어졌다. 내친김에 77세가 될 때는 작품을 모아 개인전을 열겠다는 목표가 생겼고 목표가 생기자 생활은 훨씬 활기차졌다.[3] 경륜이 쌓일수록 글의 가치가 높아진다. 모제스 할머니처럼 101세까지 글을 쓴다면 27년이나 남았다. 평생직장을 27년 다녀도 적게 다닌 게 아닌데 지금부터 27년을 더 글을 쓰고, 그리고 13년 배운 것까지 합치면 붓을 40년 잡는 셈이 된다.

기술을 가지고 노후까지 생활하는 것이 진기한 일인 것 같지만 앞으로 장수사회에서는 일상사가 될 것이다. 통영에 가면 옻칠 공예가 있다. 조개껍질을 붙여 옻칠과 함께 그림을 그리기도 하고 옻칠 공예작품도 많다. 나무컵에 옻칠을 해서 파는데 옻칠을 하면 벌레가 먹지 않을 뿐 아니라 물맛도 좋다고 한다. 그래서 컵뿐 아니라 반상, 젓가락, 숟가락도 만들어 팔기도 한다. 옻칠한 나무컵 하나가 8만 원 정도 하고 반상 세트는 50만 원쯤이다. 문하생들이 옻칠 공예를 배우고 있는데 작품을 만들고 팔 수 있으려면 대략 2년을 해야 한다. 2년 투자한 시간과 돈 치고는 수지맞는 것 같다.

노후를 위한 기술 투자는 장수사회에 적합하다. 기술에 투자한 만큼 돈을 벌어야 수지가 맞다. 돈을 벌기 위해서는 가장 중요한 기준이 비용/편익 내지는 투입/산출 분석으로, 내가 투자한 비용에 비해 얼마를 얻을 수 있느냐 하는 것이다. 개인이 자신에게 투자하여 기술자가 되려고 할 때도 이 기준이 적용된다. 장수사회에 기술 투자가 수지맞는 이유를 예를 들어 설명해보자.

수명이 짧은 단수국短壽國과 수명이 긴 장수국長壽國이 있다. 수명이 짧은 단수국은 60세에 은퇴해서 67세까지 일을 하고 70세면 세상을 떠난다. 반면에 수명이 긴 장수국은 60세에 은퇴해서 90세까지 일을 하고 100세에 세상을 떠난다. 기술을 익히는 데는 두 나라 모두 3년이 걸리고, 기술을 익히는 데 드는 비용은 1년 생활비라고 하자. 3년간 기술을 익히는 동안 노후의 여가를 즐기지 못하는 기회비용도 감안하자. 그리고 기술을 익히고 사업을 시작하면 돈을 벌 수 있다고 하자.

단수국의 경우 64세부터 돈을 벌기 시작하여 67세까지 3년 동안 3년치 생활비를 번다. 대신에 1년치 생활비를 기술에 대한 투자비용으로 날리고 3년을 일하느라 놀지 못해서 그만한 기회비용이 발생했다. 그 결과 2년치 생활비만큼 돈을 벌었고 3년의 기회비용만큼 비용이 발생했다. 이익이 없다. 이런 조건이면 단수국 사람들은 기술에 투자하지 않고 모아둔 생활비로 여생을 보내는 게 더 현명하다. 10년 정도의 여생이면 여행도 다니고 못 해본 것을 하기에 그렇게 긴 시간은 아니기 때문이다.

반면에 장수국 사람들은 60세에 은퇴해서 64세부터 돈을 벌기 시작하여 90세까지 26년을 번다. 1년치 생활비에 해당하는 투자비용과 놀지 못하고 배움에 투자했던 3년 기회비용을 감안하더라도 충분히 수지맞는 장사이다.

기대수명이 길어진 장수사회는 단수국에서 장수국으로 이민 간 것이나 마찬가지다. 그러므로 우리의 사고도 장수국 사람처럼 되어야 한다. 장수시대에 기술은 3년 투자해서 30년 버는 수지맞는 장사다. 기술을 익히고 자신에게 투자하는 것이야말로 장수시대에 우리가 제일 먼저 실천해야 할 일이다.

1인 1기에 적합한
환경이 온다

53세인 한창민 씨는 스마트폰 사진작가다. 스마트폰으로 사진을 찍어 사진 공유 어플 인스타그램에 올린 게 2012년 부터다. 인스타그램은 사진을 중심으로 한 SNS로 다른 사람들의 사진을 볼 수 있고 자기 사진에 대한 다른 사람들의 반응도 알 수 있다. 온라인에 매일 사진을 올리자 주위 사람들이 권유해서 2013년에 사진전을 열었다. 무명작가 사진전이라 200명을 넘기기 어려울 것이라 예상했지만 전혀 예상 밖이었다. 사진도 전시한 70여 점이 모두 다 팔렸다. 보도자료 부제 중 하나가 "사진을 전혀 안 찍던 평범한 중년이 SNS의 인기에 힘입어 개인 사진전 개최, 온라인에서 화제"였다. 여기서 끝난 게 아니다. 사진전이 끝날 무렵 출판사에서 책을 내자고 제안을 해온 것이다. 사진을 전공하지도 배우지도 않았는데 취미 삼아 찍어 올린 것이 이런 결과를 가져왔다. 하지만 그 이면에는 엄청난 노력이 있었다. 그는 1년 동안 거의 1만 장에 가까운 사진을 올렸다. 혼자서 이루어낸 일이다. 모바일과 SNS라는 네트워크가 있었기에 가능한 일이었다.[4]

미대 출신으로 집에서 그림을 그리는 지인은 자신이 그린 그림들을 페이스북에 올리곤 하는데 어느 날 일본에서 연락이 와 그 그림을 사겠다고 했단다. 그림을 팔려고 페이스북에 올려놓은 것이 아니었으나 이제는 자신의 그림을 사려는 사람이 네트워크상에 늘어나면서 틈틈이 그림을 올려놓고 판다고 한다.

미국의 줄리 사이버슨은 수의 테크니션, 즉 동물전문 간호사이다. 그는 워싱턴의 블루펄 동물병원에서 애완동물의 혈압과 체온을 재고 X선도 찍는다. 이런 수의 테크니션이 미국에만 8만 명이 넘는다. 수의사 수의 1.3배가 된다.

일본도 2만 5,000명이나 된다. 고령화·저출산 추세에 따라 반려동물 수요가 늘어나면서 직업 전망도 밝다고 한다. 미국 수의 테크니션협회 관계자는 "남성은 5,400만 원, 여성은 4,100만 원의 연수입을 올린다"고 소개했다. 하지만 한국에는 아직 이 직업이 없다. 동물병원에서 간호사 역할을 하는 사람은 있지만 면허나 자격증이 있는 것이 아니기 때문에 이들이 주사를 놓거나 채혈하는 건 불법이다. 우리나라도 규제들이 풀리면 이런 직업들이 많이 생겨날 여지가 있다. 《중앙일보》에 따르면 규제에 막힌 원격의료를 전면 허용하기만 해도 새로운 직업이 5만 개가 생겨난다고 한다.[5]

첫 번째와 두 번째 사례는 모바일이라는 환경으로 기술을 가진 사람이 1인 기업을 할 수 있음을 보여준 것이며, 세 번째 사례는 우리나라도 서비스업의 비중이 높아지면서 이런저런 장벽들이 제거되면 작은 분야의 다양한 직업들이 생겨날 수 있다는 것을 보여준다. 외국의 이색적인 직업들을 보면 디지털 장의사, 자연 치유사, 환경정리 전문가, 동물관리 전문가, 도로안전 유도원, 냄새 판정사 등 다양하다. 우리나라 직업의 종류는 1만 4,880개인 데 반해 미국은 3만 650여 개이다. 우리나라도 규제를 풀어 새로운 직업 11개

만 만들어도 일자리가 20만 개가 늘어난다고 한다. 서비스 부문이 발전하면 다양한 틈새 직업들이 가능해진다.[6]

  사회가 다양화되면서 1인 1기에 유리해지고 있다. 오래전 우리는 맥심 커피 하나만 마시다가 원두커피가 들어오면서 아메리카노와 까페라떼를 마셨다. 지금은 드립커피도 나오고 선택해야 하는 원두커피 종류가 10가지도 넘는다. 기호가 다양해졌기 때문이다. 커피에만 국한된 이야기가 아니다. 수제 명장들의 얘기를 들어보면 지금까지 소공인들이 기계의 값싼 대량생산으로 밀려나기도 했지만 품질이 좋기만 하면 앞으로 시장이 유망할 것으로 본다. 경력 55년의 구두장인 유홍식 씨는 "이 구두를 보세요. 제가 디자인한 것입니다. 이 세상에 딱 한 켤레뿐인 구두지요"라고 말한다. 사람들은 이 세상에서 딱 하나뿐인 제품을 찾을 것이다. 양복장인 김의곤 씨도 "나만을 위한 패션을 고집하는 게 요즘 추세이기 때문에 맞춤은 꼭 다시 일어설 것"이라고 말한다.[7]

  전문성이나 기술이 있으면 노후에도 직업을 가질 가능성이 높아지는 환경이 온다. '모바일과 네트워크 사회 도래', '서비스사회 도래', '개성과 다양성'이 그 중심에 있다. 따라서 고령자들이 공공근로 정도의 일을 한다는 현재의 인식이나 틀을 크게 바꿀 필요가 있다. 현재의 일 중에 사라지는 일들이 있는 반면 새로운 일들도 많이 생겨난다. 기술과 전문성을 가지고 있으면 기회는 온다. 그뿐 아니라 이제는 핵심 기술만 가지면 나머지를 값싼 비용으로 아웃소싱할 수 있다. 1인 기업을 만들기가 훨씬 편해졌다는 뜻이다.

노벨 경제학상을 받은 로널드 코즈R. Coase라는 경제학자는 왜 기업이 존재하는지 의문을 가졌다. 시장에서 인사, 총무, 철강 등을 모두 구입해서 조직만 잘하면 되지 굳이 회사를 만들어서 그 회사 안에 많은 사람들과 부서를 둘 필요가 있는가 하는 것이다. 그는 이들을 외부 시장에서 구입하면 거래비용이 많이 들기 때문에 조직을 만드는 데 비용이 들더라도 감수한다고 주장했다. 조직을 키우는 데 드는 비용이 거래비용과 같을 때까지 기업의 규모가 커진다고 보았다.

그러나 최근에는 반대의 현상이 일어나고 있다. 기술혁신 덕분에 아웃소싱하는 거래비용이 싸지면서 기업들이 핵심적인 사업만을 남겨두고 비핵심적인 부분은 외부에서 구매하는 경우가 점점 많아지고 있다. 온라인 쇼핑몰을 만들어 물건을 팔 경우 물류 업무는 다른 업체를 통해서 수행하고 물건은 여러 공장에서 사면 된다. 급여 등의 업무처리도 외부에서 조달할 수 있다. 기업을 대규모로 조직화할 필요가 없으므로 그만큼 고정비용 부담도 줄어든다. 핵심적인 기술을 가지고 있으면 나머지는 아웃소싱을 통해서도 기업 경영이 가능하게 사회가 변해가고 있다.

한편 런던경영대학원의 경영학 교수 린다 그랜튼은 『일의 미래The shift』에서 기술발전에 따라 펼쳐질 일의 모습을 이야기하고 있다. 기술발전으로 50억 명에 이르는 사람들이 서로 연결되고, 기업은 메가 컴퍼니mega-company와 수많은 소규모 기업들로 이루어진 생태계가 될 것으로 봤다. 네트워크가 확장되면 각 개인들에게 네트워크를 통한 협력과 참여가 중요해진다. 이전에는 하나의 거대한 기업이라는 단위에서 이루어진 일들이 이제는 흩어진 개인들의 협력과 참여를 통해 이루어진다는 뜻이다. 수억 명이 소기업가로 활동하며 인터넷을 통해 생태계를 형성해가는 것이다.[8] 생태계를 형성하기 위해서는 자신만의 기술이나 정체성이 있어야 한다.

중국 인터넷 전자상거래 포털 사이트인 알리바바는 소기

업가들을 다른 구매자나 판매자와 연결시켜주는 플랫폼을 만들어주었다. 이 플랫폼을 통해 구매자와 판매자 간에 다양한 혁신이 일어난다. 액세서리를 잘 만드는 사람이 소재지가 자기 집으로 되어 있는 법인을 만들고, 그 물건을 알리바바 플랫폼에 올려놓으면 전 세계 사람들이 본다. 수만 명의 소기업가가 자신의 기술을 충분히 발휘할 수 있게 해주는 플랫폼은 알리바바뿐 아니라 세계 모든 곳에 갖춰져 있다.

이러한 사회에서 어떤 직업과 일을 가질 것인가에 대해 『일의 미래』는 다음과 같이 말하고 있다. 첫째, 일반적인 관리기술은 그 범위가 한 회사로 한정되어 있을 뿐 아니라 일반 지식은 인터넷 지식저장소가 그 역할을 대신하고 있다. 그러므로 심층적인 지식과 능력을 키워야 한다. 한 분야 이상에서 깊이 있는 능력과 지식을 길러야 한다. 둘째, 향후 독립적으로 일하는 사람이나 소규모 집단에서 일하는 사람의 비율이 더욱 늘어날 전망이다. 셋째, 전문성을 갖추어야 한다. 이는 산업혁명 시대에 사라진 장인기술 개념으로 되돌아가는 것으로부터 시작한다. 중세의 장인들은 오랜 기간에 걸쳐 기술을 갈고 닦았다.

미래에 다가올 환경은 1인 1기에 적합하다. 1인 1기

1人 1技뿐 아니라 자신의 기업까지 가질 수 있는 1인 1기1人 1企도 될 수 있다. 기술과 전문성만 가지고 있으면 값싼 거래비용으로 1인 기업가로 활동할 수 있다.

사라진 직업들

직업은 사회환경에 따라 사라지기도 하고 또 새로이 생겨나기도 한다. 화장실이 생기면서 이동변소꾼이 사라졌다. 화장실이 없던 유럽에서는 이동변소꾼이 긴 코트와 양동이를 갖고 용변을 보라고 손님들을 불렀다. 시장이나 박람회장에 특별히 많았다고 한다. 에너지를 제공하던 숯쟁이도 국가적으로도 중요한 직업이었으나 1859년 유전이 발견되면서 쇠락하게 된다.

촛불 관리인은 요즘으로 치면 무대의 조명을 담당하고 화재를 관리하던 사람이었다. 빈의 궁정극장에는 객석에 300개, 무대에 500개의 촛불이 있었는데 심지를 제때 잘라주지 않으면 그을음과 악취가 났다. 촛불은 화재 관리에도 절대적으로 중요한 일이었다. 이 직업도 1783년에 아르강 등이 발명되면서 사라졌다.[9]

지금도 모바일 시대가 도래하면서 많은 업종들이 사라지고 또 새로 생겨나고 있다. 직업의 미래를 보기 위해서는 사회의 변화와 새로운 트렌드를 예의주시해야 한다.

기술이란
무엇인가?

사전에서 '기술'을 찾아보면 '1. 과학이론을 실제로 적용하여 자연의 사물을 인간생활에 유용하도록 가공하는 수단, 2. 사물을 잘 다룰 수 있는 방법이나 능력'이라고 되어 있다. 관련 어휘를 보면 솜씨, 기법, 테크닉, 기예, 기능, 손, 손끝, 재주가 있다.[10] 첫 번째 정의는 과학기술 technology에 해당하는 의미이고, 이 책에서 말하는 기술은 두 번째인 후자라고 할 수 있다. 여기에 덧붙여 서비스업이 발달하면서 사람을 설득하고 조언을 해주는 것도 기술이라고 할 수 있다. 결론적으로 여기서는 기술을 다음과 같은 의미로 사용하고자 한다.

우선, 인적자본은 소득을 창출할 수 있는 모든 경우에 해당하는 포괄적 개념인데, 인적자본을 형성하는 기능은 제조기술과 서비스기술로 나누어볼 수 있다. 제조기술에는 가방, 의류, 구두 등을 만드는 기술이 있고, 대기업에서 생산공정에 투입되어 용접 등을 하는 기술도 있다. 또는 바이오테크처럼 하이테크 기술이 될 수도 있다. 서비스업에서는 경비와 같이 단순서비스 분야가 있고 컨설팅, 교육, 보건, 복지와 같은 지식서비스 분야가 있다.

이 책에서 기술은 제조기술에서 손으로 하는 소공小工을 말하며 하이테크나 공장의 공정에 속해 있는 기술은 아니다. 소상인小商人의 기술도 포함되지 않는다. 서비스에서는 단순서비스보다는 지식서비스를 말한다. 따라서 기술과 인적자본(소공과 지식서비스를 기반)을 혼용해서 해석해도 큰 무리는 없다. 다만 다음의 네 가지 기준을 만족시키는 것을 각 개인이 노후에 가져야 할 기술이라고 보면 된다.

첫째, 혼자 설 수 있는 것이어야 한다. 어떤 사람이 인사업무를 평생 한 덕분에 인사관리만은 아주 잘한다고 하

자. 그의 일이 회사에서 사람을 다루는 경우에만 부가가치가 발생한다면, 그가 회사 아닌 혼자서 할 수 있는 일이 없다. 종업원이 있는 회사에 들어가야만 한다. 총무나 재무 담당자도 마찬가지다. 회사라는 조직이 있기에 관리라는 역할이 필요한 기술들이다. 관리직이 은퇴 후에 일자리를 구하기 쉽지 않은 이유다. 하지만 이런 경우에도 인사에 관한 지식으로 노무 컨설팅 회사를 차린다든지 재무 지식을 바탕으로 중소기업 재무 컨설팅 회사를 만든다면 노후에 좋은 기술이 될 수 있다.

둘째, 다른 사람보다 훨씬 잘할 수 있는 것이어야 한다. 감동할 수 있는 수준이어야 한다. 그냥 취미로 가지고 있는 기술은 기술이라 할 수 없다. 장인의 경지나 예술의 경지에 오르는 것까지 바라지는 않지만 사람들이 가장 가치 있게 여기는 돈을 주고라도 갖고 싶은 생각이 들 정도여야 한다. 얼마 전에 TV에서 평생 구두를 만드는 사람의 일상을 보여준 적이 있다. 연령이 60세 언저리였으니 구두를 처음 만들기 시작한 게 10대 후반이니까 거의 40~50년을 구두를 만든 셈이다. 그것도 어릴 때는 혹독한 훈련을 받으면서 그리고 잘 팔릴 구두를 만들기 위해 전력을 다해서 하루 종일 구두를 만든 세월이 40~50년이다. 기술 세계의 전문성은 끝이 없다.

셋째, 돈을 벌 수 있어야 한다. 다른 사람에게 차별화된 부가가치를 제공하면 돈이 그 대가로 들어온다. 하지만 뛰어난 기술을 가지고 있어도 시장에서 더 이상 필요로 하지 않을 수 있다. 〈생활의 달인〉이라는 TV 프로그램이 있다. 기타 제작, 요리, 머리를 잘 깎는 가위손 등 돈을 잘 버는 달인도 있지만 마트 카트 정렬과 신문배달의 달인도 있다. 정말 신기한 기술을 가졌지만 그 기술이 특별히 추가적인 부가가치를 낳지 않는 한 사람들은 거기에 돈을 많이 지불하지 않으려 한다. 카트 정렬을 좀 더 빠르게 한다고 해서 그 사람을 스카우트하려고 돈을 수천만 원씩 쓰지는 않는다.

마지막으로, 자신이 좋아하는 것이어야 한다. 그래야 노후에 오래 오래 할 수 있고 잘할 수 있다. 현재 48세인 서주현 씨는 대학에서 중문학을 전공하고 IT 분야에서 일을 하다가 결혼을 하면서 직장을 그만뒀다. 그러던 어느 날 방에 커튼을 달고 싶은데 직접 만들면 어떨까 싶어 배우러 갔다. 34세의 나이에 재봉틀에 앉아 밤 10시가 되어도 12시

가 되어도 시간 가는 줄 몰랐다. 그러다 보니 지금은 봉제일
을 하고 있다. 내 발로 걸어 다니고 바늘귀를 꿸 수만 있으
면 계속할 거라고 말한다.[11]

고수의 필살기

영화 〈장군의 아들〉에서 주인공으로 나오는 김두한은 17세에 우미관의 대장 구마적을 쓰러뜨렸고 19세에는 산마적을 상대로 갈비뼈를 넉 대나 부러뜨리면서 승리한다. 그렇게 불과 19세에 종로 일대를 장악한 김두한은 결정타를 발차기로 마무리했다. 같이 지냈던 거지왕 김춘삼도 앞발차기의 고수였다. 전광석화처럼 앞에서 그대로 차올리는 발차기에 급소든 턱이든 어디 하나라도 맞으면 쓰러진다. 싸움의 전설 협객 시라소니는 중원보다 더 험악하다는 만주, 중국, 북한을 무대로 거물급들을 쓰러뜨렸다. 강한 주먹, 빠른 스피드 그리고 마지막 마무리 공격인 공중으로 날아가서 고개를 약간 뒤로 제쳤다가 상대방의 면상을 받아버리는 '공중걸이 박치기'는 한 대 맞으면 거구도 기절시켜버리는 필살기였다.

자신만의 주특기는 생존을 가능하게 해준다. 이런 믿음이 있는 기술이 없으면 승부수를 띄워볼 수도 없다. 우리의 인생에서도 마찬가지다. 결정적인 순간에도 나를 살릴 정도의 기술은 하나 가지고 있어야 한다. 그리고 그 기술은 언제 펼쳐놓아도 상대방을 녹아웃시킬 자신감이 있는 필살기여야 한다.

비전택시대학을 설립한 정태성 총장은 이런 말을 했다. 신발을 정리하는 일을 맡았다면 신발 정리를 세계에서 제일 잘할 수 있는 사람이 되어라. 그렇게 된다면 누구도 당신을 신발 정리만 하는 심부름꾼으로 놔두지 않을 것이다. 나는 무엇이 주특기인지 자문해보자. 무엇을 하든지 특기가 될 만큼 잘해야 한다. 고수는 이런저런 것도 잘하지만 필살기가 있는 사람이다.

노후에 기술이
좋은 7가지 이유

노후준비로 기술을 익히는 것이 왜 좋을까? 이유를 7가지로 설명하고자 한다.

첫째, 기술은 생존을 가능케한다. 유대인은 모두 기술 하나씩은 가지고 있어야 했다. 철학자 스피노자는 유대교를 비판하고 신을 모독했다는 이유로 유대인 사회에서 파문을 당했다. 파문을 당하면 어느 누구도 그와 교제해서는 안 되며 한 지붕에 살아서도 안 되며 가까이해서도 안 되고 그가 쓴 책을 봐서도 안 되었다. 스피노자는 23세에 파문을 당해

44세에 폐병으로 세상을 떠나기까지 렌즈 깎는 기술로 어렵게 생계를 유지했다. 아마도 렌즈를 깎을 때 나는 유리먼지 때문에 결핵이 악화되어 죽은 것으로 보인다. 우리들 어머니는 삯바느질 기술 하나로 자식을 먹여살리고 공부를 시키기도 했다. 전란에 몸 하나 달랑 피난을 가더라도 기술을 가진 사람은 거기서 먹고산다. 지금도 봉제하는 사람은 움직일 수 있고 바늘귀를 꿸 수만 있으면 일을 할 수 있다고 한다.

둘째, 기술은 글로벌하게 쓰일 수 있다. 치기공기술이나 미용기술을 가진 사람은 캐나다에 가서도 일을 할 수 있다. 언어가 다르더라도 조각이나 그림은 글로벌하게 통용된다. 배관기술, 목공기술도 마찬가지다. 베트남어를 모르는 사람들이 베트남 화가의 그림을 사고, 스페인어를 몰라도 피카소 그림에는 열광한다. 옛날에도 전쟁이 나면 기술자는 살려준다고 했는데, 오늘날 세계의 글로벌 통합이 계속 진전되어가는 시대에 기술은 그 효용성이 증대되고 있다. 58세 김종은 씨는 경력 42년의 가방장인으로 1992년에 일본어 하나 모른 채 일본으로 건너가 가방공장을 차렸다. 그리고 큰 가방회사에서 함께 일하자고 해서 17년 동안 일본

에서 가방 만드는 일을 했다고 한다.[12]

셋째, 기술은 고정자본이 필요 없다. 기술자들이 들고 다니는 공구함을 본 적 있는가? 도배를 하는 사람, 인테리어를 하는 사람, 칼을 가는 사람, 미용기술을 가진 사람 모두 간단한 도구함 하나만 가지고 있다. 중국에서 사람 옆모습을 보고 1분 만에 가위로 종이를 오려주는 실루엣 화가를 본 적이 있다. 이 사람이 가지고 다니는 도구는 A4용지 크기만 한 종이와 가위가 전부다. 배관공은 공구함 하나 들고 온다. 도배하는 사람은 풀, 양동이, 붓 대략 이 정도가 전부다. 개그맨은 마이크 하나면 된다. 반면에 음식점을 운영하려면 주방장, 배달하는 사람, 가게 임대료, 초기 인테리어 등이 있어야 한다. 돈을 빌려서 시작하면 원리금상환 부담까지 져야 한다. 초기비용과 고정비용이 들어가야 한다. 반면에 기술은 자신의 몸에 붙어 있는 것이어서 간단한 도구만 있으면 된다. 이러다 보니 자영업은 폐업율이 높다. 중소기업연구원에 따르면 전국의 창업기업 10개 중 4개 꼴로 문을 연 지 1년 만에 폐업한다. 창업 뒤 5년 생존율은 30.9%에 불과하다. 그리고 자영업자 중 50대 이상이 60%를 차지하는 현실이다.[13] 반면에 도시형 소공인들은 짧게는

10년, 길게는 40년을 그 업을 이어간다.[14]

넷째, 기술은 시간이 갈수록 전문성이 깊어지고 부가가치가 높아진다. 말콤 글래드웰은 그의 저서 『아웃라이어Outlier』에서 1만 시간의 법칙을 말했다. 1만 시간 이상 그 분야에 꾸준히 투자하면 전문가가 될 수 있다는 얘기다. 하루에 최소 3시간을 그 분야에 집중해 투자하면 10년이 된다. 그런데 하루 8시간을 그 일에 종사한다고 하면 3년 5개월 정도면 된다. 은퇴하고 하루 10시간을 집중 투자하면 채 3년도 걸리지 않는다. 이 정도 시간이 흐르면 전문성이 높아진다는 얘기다. 실제로 소공인들의 얘기를 들어보면 업종마다 다르기는 하지만 3년이나 3년 반 정도 집중해서 배우면 물건을 팔 수 있을 정도로 만든다. 기술은 속성상 시간이 갈수록 전문성이 높아지고 그에 따라 부가가치도 커진다. 요즘 같이 은퇴 후에 일자리를 잡기 어려운 시대에도 산업체에서 평생 기술을 익혀온 사람은 정년퇴직 후에 그 직장이나 다른 직장에 다시 취직하는 예를 보면 알 수 있다.

다섯째, 기술에 대한 몰입이 건강을 가져온다. 기술은 몰입을 가져온다. 나는 어릴 때 썰매를 직접 만들어서 타고 다녔다. 대략적인 설계도를 머릿속에 그리고, 나무를 자르고 못질을 해서 썰매를 만든 다음, 밑에는 굵은 쇠철사나 칼날을 끼워 얼음에 미끄러지게 해야 한다. 이 모든 일을 하다 보면 하루가 후딱 가버리고 밥 때도 까먹기 일쑤였다. 일본 메이지 대학교 교수인 사이토 다카시는 『혼자 있는 시간의 힘』에서 수작업手作業을 하는 시간에 자기 내면과 대화하는 기분이 든다고 하면서 아내를 먼저 떠나보낸 남편이 '돌 닦기'를 시작하면서 생기를 되찾은 이야기를 들려준다.[15] 경력 43년의 봉제장인 김도영(58세) 씨는 미싱 돌아가는 소리에 행복감을 느낀다고 한다.[16]

　심리학자 미하이 칙센트미하이는 『몰입의 즐거움Finding Flow』에서 여가가 아닌 몰입을 통해서 즐거움을 얻을 수 있다고 주장했다. 몰입은 과제의 목표가 명확하고 그 과제를 수행하는 도중에 틀리거나 잘한 것에 대한 피드백이 바로 올 수 있는 경우에 발생한다고 한다. 썰매를 만든다고 하면 썰매를 만든다는 과제가 명확하고 만드는 과정에서 잘못 만들었는지 잘 만들었는지 즉각적으로 알 수 있다. 그래서 몰입이 이루어진 것이다. 몰입은 행복이라는 생각조차 들지 않게 만든다. 너무나 재미있는 만화를 볼 때는 행복하다는 생각조차 몰입에 묻혀버린다. 다만 그 과제가 끝나고 나서 보면 몰입 순간의 즐거움을 느끼게 된다. 이러한 몰입은 잡념을 없애주고 건강을 가져다준다. 참선 중에 삼매경에 빠져 들어 몇 초 지난 것 같은데 반나절이 훌쩍 지나버렸다는 선사들의 이야기를 들어봤을 것이다. 허드렛일도 그 순간에 집중하면 참선 수행이나 다름없다고 하는 선사들의 말이 같은 선상에 있는 이야기다.

여섯째, 기술을 익히면 사회적 관계가 확장된다. 사람들은 자신에게 고독을 견디는 능력이 있다고 과신하는 경향이 있지만, 오지의 벌목공처럼 고립되어 있는 사람이 자살할 확률이 높다고 한다. 그래서 수도원이나 절에서는 수행자를 그냥 자유롭게 내버려두지 않고 꽉 짜인 생활을 하게 한다. 이러한 수행방식이 아니면 혼자 수행하기가 무척 어렵고 심지어 병도 많이 나기 때문이다. 아프리카 밀림이나 초원지대에 사는 원숭이도 무리에 끼지 못하면 오래 못 버틴다. 사람은 사회적 관계가 점차 확장되다가 나이가 들면 다시 축소된다. 비즈니스 관계를 맺었던 사람들이 사라지고 친구 관계도 자꾸 축소되고, 가족도 자식은 떠나가고 나중에는 부부만 남는다. 이렇게 축소되는 관계를 노후에도 계속 확장시켜야 한다. 기술을 익혀서 일을 하게 되면 기술을 익히는 과정에서 다양한 사람들과 관계를 맺고 비슷한 기술을 가진 사람들과의 관계도 형성된다.

　일곱째, 기술을 익혀 물건을 직접 만들거나 자신의 일을 함으로써 대량생산 산업사회에서 일어나는 소외를 극복할 수 있다. 마르크스는 자본주의 사회에서 발생하는 노동자의 소외를 이야기한다. 우선 자신의 노동을 통해 만든 생산물이 정작 자신의 소유가 아닌 기업가의 소유가 되고 자신은 임금을 받는다. 생산물로부터의 소외다. 또 노동하는 과정에서 자신이 주도적으로 하지 못한다. 도구를 제공하는 자본가의 계획과 명령에 따라 수동적으로 일을 한다. 노동과정에서의 소외다. 마지막으로 인간은 생존만이 아닌 자유롭게 창조적인 생산활동을 수행하는데 자본주의 사회에서 노동은 생존을 위한 도구일 뿐이다. 창조적인 활동에서의 소외다. 노후의 기술을 통한 생산활동은 자신이 물건을 만드는 모든 과정을 주관함으로써　이러한 노동의 소외를 극복하게 해준다. 인간에게 노동의 본향으로 돌아가게 해주는 격이다.

기술과 금

궁극적으로 우리의 생존을 지켜주는 것은 무엇일까? 주식 같은 유가증권을 아무리 많이 갖고 있어도 국가적 재난이 닥쳐 증권시장이 문을 닫으면 종이짝이 되어버린다. 은행계정에 돈이 많이 있어도 인출이 정지되어버리면 라면 하나 사 먹을 수 없다. 대궐 같은 집을 가지고 있다 한들 피난 갈 때 가져갈 수도 없다. 그래서 난리를 많이 겪은 중국 사람들은 보석이나 금을 좋아한다.

과거 골드바가 나오기 전에 우리나라 어떤 부자들은 금을 모두 잘게 쪼개어서 돈처럼 쓸 수 있게 만들어 보관하곤 했다. 이렇게 한다고 안전하지는 않다. 가지고 있는 금을 분실하거나 누군가 훔쳐가버릴 수 있다. 협박을 당해 강제로 내놓거나 사기를 당할 수도 있다.

기술은 금보다 안전하다. 내가 가지고 있는 지식이나 기술은 누가 훔쳐갈 수 없다. 물론 강제로 납치해서 노역을 시켜 대가를 가로챌 수는 있지만 금을 잃어버리는 가능성보다는 훨씬 낮을 뿐 아니라 납치하는 대신 먹고 잘 곳은 마련해준다. 이런 측면에서 금보다는 기술이 최후의 피난처safe heaven가 된다. 자식에게 이런 기술이나 재주 하나 익히게 해주는 것도 좋다.

어떤 기술을
배우면 좋을까?

　그렇다면 노후에 쓸모 있는 기술은 무엇이 있을까? 아무래도 사회의 변화에 역행하지 않는 분야, 시니어 비즈니스 분야, 고령자 친화적인 분야라고 볼 수 있다. 이것들 중 내가 잘할 수 있고 좋아하는 것을 선택하면 제일이다.

　오늘날 기술혁신과 사회변화가 오히려 손으로 하는 기술과 다품종 소량생산의 가능성을 높이고 있다. 기계가 전화교환원이나 콜센터 직원, 계산을 해주는 사람들의 일자리를 빼앗아간 지 오래지만 이제는 전문직의 일자리까지 위협하고 있다. 세무사, 회계사, 애널리스트(기업분석가)들의 자리도 버티는 게 만만치 않다. 이제 단순한 신문기사는 로봇이 쓴다고 한다. 이런 상황에서 오히려 빛을 발하는 게 아이러니하게도 손으로 하는 직업과 인간의 감성과 관계된 영역이다. 전문가들은 미래에 살아남을 직업으로 빅데이터 분석가 외에 교사, 목사, 의사, 변호사, 벽돌공 등을 언급한다. 사교적이고 형이상학적인 직업이 살아남을 가능성이 크다고도 한다.[17]

기계는 요리나 작곡도 하지만 사람의 혼이 들어간 수공업을 모방하지는 못한다. 사람들은 세상이 획일화될수록 나 하나만의 것을 찾기 시작할 것이다. 나만의 구두, 나만의 가방, 나만의 옷이다. 또한 기계가 사람의 유연한 동작을 따라가기는 아직 힘들다. 인간의 춤이라든지 스포츠는 기계로 대체되기 쉽지 않다. 배관공 일이나 전구를 갈아주고 인테리어를 해주는 직업도 마찬가지다. 오히려 기계가 들어갈 수 없는 단순히 손으로 하는 영역이 살아남을 수 있다. 그리고 기계로 인해 사람들이 공황상태에 빠질수록 감성적인 부분의 치유와 위로가 필요해진다. 바둑은 계산을 잘하는 젊은 사람이 유리하지만 소설가는 80세가 되어도 경쟁력이 있다.

기술혁신에 따른 사회변화와 함께 시니어 비즈니스에 관련된 분야가 규모도 커지고 다양화될 것으로 보인다. 일본은 이미 2011년에 성인용 기저귀 시장이 유아용 시장을 앞질렀다. 시니어들이 오락실에도 자주 간다. 할머니들도 동전을 들고 간다. 실제로 일본에서 격투기나 전략 게임은 젊은이들이 하지만 슬롯머신은 고령자들이 애용하고 있다. 오락실 운영자들도 학생들이 이용하지 않는 낮시간에 시니어들을 유치하려고 슬롯머신 게임을 늘릴 뿐 아니라 다양한 이벤트를 벌이고 있다. 노래방도 이제 젊은이들이 아니라 시니어들이 즐기는 공간이 되었다. 일본에서 노래방을 이용하는 사람 중 약 60%가 60세 이상인 시니어다. 이들은 밤이 아니라 낮에 주로 이용하며 술이나 안주를 많이 시켜놓고 놀기보다는 도시락을 싸가지고 와서 노래를 부르고 논다. 그래서 노래방도 복합공간으로 만들어 건강식이나 건강상태를 체크할 수 있는 라운지를 갖추어놓고 있다. 인터넷 방송에는 할머니 아나운서들이 등장하여 구수한 입담과 인생경험을 풀어놓는다.[18]

도쿄의 디즈니랜드는 할머니 할아버지를 대상으로 마케팅을 해서 성공했다. 손자들이 디즈니랜드에 가는 것을 좋아하니 할아버지, 할머니에게 이 사실을 알려서 손자들을 디즈니랜드에 데려가게 한 것이다. 디즈니랜드 이용자는 어린이지만 구매력은 조부모에게 있으니 이 둘을 절묘하게 결합시켜 성공한 사례다.

스펜서 존슨Spencer Johnson이 쓴 『누가 내 치즈를 옮겼을까?Who Moved My Cheese?』라는 책이 한때 인기였다. 창고에 저장된 치즈가 자꾸 사라지자 생쥐는 두 말 없이 새로운 치즈 창고를 찾아 길을 나섰고 꼬마 인간 중 한 명은 '도대체 내 치즈가 어디로 갔을까? 다시 채워지겠지' 하는 생각으로 하염없이 기다린다. 치즈타령은 그만하고 치즈가 있는 곳으로 가야 한다. 앞으로 치즈는 시니어들에게 있다. 일본생명기초연구소에 따르면 일본은 1990년만 해도 60세 이상이 가계소비에서 차지하는 비중이 25%였으나 20년 후인 2010년에는 이 비율이 42%로 껑충 뛰어 올랐다. 2030년에는 49%까지 오를 것으로 내다본다. 소비시장에서 물건 두 개 중 하나는 60세 이상이 구매한다고 보면 된다.[19] 우리나라의 베이비부머는 현재 나이가 43세에서 60세에 걸쳐서 1,500만 명가량이 있다. 지금부터 매년 이들은 60대 이상에 편입된다. 시니어의 숫자가 이제 많아지기 시작했으니 이들

연도	비중
1990년	25%
2010년	42%
2030년(전망)	49%

이 쌓여서 시장에서 충분한 구매력을 보이려면 수년이 있어야 하지만 티핑 포인트를 넘고 나면 시니어 시장이 급격하게 확대될 전망이다. 무엇보다 시니어는 시니어가 잘 안다. 지금부터 준비해서 길목을 지켜야 한다.

마지막으로 노후에는 고령자 친화적인 업종이 좋다. 실버 강사는 어린이집이나 유치원, 지역 아동센터에 가서 한자, 서예, 예절 등을 가르친다. 구수한 동화도 들려준다. 젊은 사람들이 가르치는 것보다 경쟁력이 있을 뿐 아니라 서예나 예절은 어떤 기계도 대신하기 어렵다. 핵가족화된 사회에서 할아버지, 할머니와 손자뻘 되는 아이들이 가족처럼 이야기를 주고받는 모습도 보기 좋다.

67세인 동화구연가 김홍제 씨는 30년 교직생활의 경험을 바탕으로 아이들에게 동화를 들려준다. 2009년에 동화구연가 양성과정인 '책 읽는 황금마차' 1기 수료생인 그는 서초 어린이도서관에서 5~7세 어린이와 초등학생을 대상으로 그림책을 읽어주고 있다. 동화구연 봉사를 하면서 할머니의 정을 아이들에게 나누어주고 할머니로부터 받을 수 있는 인성교육까지 이야기를 통해 전해준다고 한다.[20]

2013년부터 방영되고 있는 EBS의 〈성공! 인생 후반전〉에 소개된 직업들을 보면, 전통예절지도사, 다문화가정의 한국어 방문교육지도사, 한자지도사, 방과후지도사, 전통놀이강사, 실버모델, 바리스타, 야생화강사, 동물해설사, 마술봉사, 숲해설가, 목공예, 도자기 굽는 할아버지, 실버밴드, 닥종이 인형작가, 실버기자, 케이크 디자이너 등이 있다. 경험과 전문지식이 바탕이 된 일도 있고 손으로 하는 기술을 가지고 하는 일도 있다. 모두 노후에 하기에 힘겹지 않은 일들이다.

미국은퇴자협회AARP에서는 노후의 유망한 직업으로 다음을 추천하고 있다. 환자변호인(환자 권리, 프라이버시, 비밀, 환자 교육이나 지원 등), 영양사(병원, 은퇴자 커뮤니티 등의 식단계획 및 검정), 조경사, 고령자를 대상으로 한 피트니스 트레이너, 안마치료사, 회계사, 개인금융자문가이다.[21]

산업연구원은 향후 소득이 많은 고령자가 많아지면서 시

니어 비즈니스도 고부가가치 영역이 발전할 것으로 본다. 그러다 보니 서비스 부문의 업종이 많다. 그중 고령자에게 친화적인 직업을 분류하여 제시하고 있는데 이를 정리해보면 다음과 같다.[22]

- **상담/컨설팅**: 임상심리사, 장례상담원, 장례지도사, 부동산중개인, 결혼상담원, 직업상담사, 상담전문가
- **사무**: 매표원, 안내 및 접수 사무원, 여행안내원, 주택관리사, 검표원
- **문화예술**: 번역가, 시민단체활동가, 큐레이터, 문화재보조원, 화랑 및 박물관 안내원, 문화재감정평가사, 한지공예가
- **교육/복지**: 방과후교사, 육아도우미, 사회복지사
- **금융**: 보험대리인 및 중개인, 보험설계사, 손해사정인
- **공학**: 가구조립원, 조경기술자, 컴퓨터시스템감리전문가, 친환경건축건설턴트

서비스 부문은 많은 반면 물건을 직접 만드는 부분은 아직 적다. 하지만 생각을 바꾸어서 나무 심기, 목공, 집 짓기와 같이 기술 중에서 본인이 좋아하는 것을 해볼 만하다. 직업능력지식포털 HRD-Net에 들어가보면 '한국직업사전'에

우리나라의 직업이 나열되어 있다.

여러 가지 기술 기반의 일을 설명했지만 자신이 잘하고 좋아하는 기술을 선택하는 것이 중요하다. 기술혁신으로 다양화사회, 다품종사회로 변해 손으로 만든 것과 인간의 감성이 중요해지고 있다. 우리나라는 이제부터 시니어 비즈니스가 급속하게 팽창할 것이다. 이들 업종 중 노후에 하기에 적합한 일을 찾고 그중 자신이 잘하고 좋아하는 것을 선택해보자.

기술창업의
좁은 문으로 들어가자

기술을 익히면 취업을 할 수도, 창업을 할 수도 있다. 취업의 경우, 70세 이상은 직장을 구하기 쉽지 않다. 장수시대에 오래 일을 하려면 장기적인 안목에서 창업이 좋다. 창업이라고 해서 거창하게 생각할 필요 없다. 자신의 일을 한다고 생각하면 된다.

은퇴 후 할 수 있는 창업은 거대자본으로 하는 창업, 소자본으로 하는 자영업, 그리고 기술을 가지고 하는 창업이 있다. 세 가지 창업 중 단순 소자본창업은 애매한 위치에 있다. 자신의 특기가 없는 것이다. 성실함이나 장사의 감각이 특기가 될 수는 있지만 대부분은 비슷해서 차별성이 별로 없다. 별다른 특기 없이 소자본에 의존하는 창업은 경제학 이론에 따르면 정상이윤만 얻는다. 정상이윤이란 그냥 자본에 대한 이자와 임금 정도만 얻는다는 뜻이다. 쉽게 말하면 해당 경제활동을 유지하는 정도의 이윤이다. 초과이윤이 있으면 금방 다른 사람이 진입해서 없애버린다. 요즘은 경쟁이 과다해져서 그 정상이윤마저 많이 낮아졌다. 실제로 치킨집 개업 후 1년까지는 돈을 좀 벌다가 근처에 치킨집이 하나둘 생기면서 매출이 뚝 떨어지고 3년이 넘어가면 임대료도 내기 어려울 정도로 전락하기도 한다.

소자본 간의 경쟁도 문제지만 시장이 좋으면 대자본이 진입하기도 한다. 대자본은 자본의 힘으로 밀어붙일 수 있다. 적자가 나더라도 좀 더 오래 버틸 수 있기 때문에 출혈경쟁을 하면서 상대가 먼저 그만두게 하는 게임에서 유리하다. PC방이 한창 생겨나던 때였다. 사무실을 빌려 컴퓨터를 50대 정도 사놓고 아르바이트를 잘 고용해놓으면 돈이 벌렸다. 그런데 거대자본이 시간당 사용료를 인하하면서 진입했다. 이때 얼마 없던 돈을 밑천으로 혹은 주변에서 돈을 좀 빌려 영업했던 사람들은 6개월을 버티지 못하고 철수하고 말았다. 주변에 그런 젊은 사람들을 여러 명 보았다. 소자본은 대자본에 밀린다. 포커게임에서도 판돈이 많은 사람이 적은 사람을 이긴다.

그럼에도 은퇴 후에 소자본창업을 많이 선택하는 이유는 진입하는 데 어려움이 없기 때문이다. 소자본으로 창업할 수 있는 것은 치킨집이나 음식점, 프랜차이즈 등 대부분 생활밀착형 업종이다. 2015년 12월에 서울시가 골목상권 1,008개에서 43개 생활밀착 업종을 분석한 결과에 따르면, 10년 생존율은 20% 정도에 불과하다. 10개 중 8개 업종은 10년 이내에 사라진다는 뜻이다. 또 일반점포의 3년 생존율은 58%인 데 반해 프랜차이즈 점포는 73% 정도로 나타났다.[24] 조금만 돈이 있으면 창업할 수 있는 업종은 가급적 하지 않는 게 낫다. 하더라도 유행이 시작될 때 잠시 하고 다른 사람들이 들어오면 빠져나가는 방법을 계속해야 한다. 그런데 이것은 계속 성공하기가 쉽지 않다.

기술 기반 창업은 자신만의 고유성이 있고 차별성이 있을 뿐 아니라 여러 장점들이 있다. 우선 고정자본이 적게 들어 장기적으로 승부할 수 있다. 직장 후배의 아내는 요리를 잘한다. 그래서 낮에는 수강생들을 집으로 불러 가르치기도 하고 블로그를 활용해 콘텐츠를 만들어 올려놓기도 한다. 이러다 사람들이 많이 모이면 근처 사무실을 하나 빌리면 된다. 요즘 옷을 파는 사람들도 블로그를 많이 만드는데 이들의 사무실은 대개 집이다. 액세서리를 만드는 사람들도 집이 사무실이다. 그러다 사업 영역이 커지면 사무실을 얻어 나가면 된다. 요리나 액세서리 모두 본인이 직접 만들기 때문에 다른 사람을 고용할 필요가 없다.

또한 자신이 익힌 기술로 창업을 하면 시간이 지날수록 부가가치가 높아진다. 단순 소자본자영업은 시간이 지날수록 다른 경쟁자의 진입 때문에 어려워진다. 인테리어도 새롭게 해서 진입하기 때문에 경쟁이 만만치 않다. 3년 생존율 58%, 10년 생존율 20%로 떨어진다. 그에 반해 기술은 3년을 한 사람보다 10년을 한 사람이 더 부가가치가 높다. 오래 하다 보면 혁신도 일어난다. 혁신은 부가가치를 한 단계 도약시킨다. 시간을 상대로 하는 싸움에서 기술은 우위에 있다. 시간이 내 편이다. 실제로 좋은 기술을 가진 사람들의 생존율은 거의 평생이다.

미래의 기술혁신(IT나 네트워크의 발전) 사회가 내 편이라는 점도 장점이다. 이로 말미암아 향후에는 소규모의 다양한 물품을 생산하는 다품소량 시대가 될 것이다. 아주 값싼 비용으로 네트워크를 확보할 수 있고, 온라인에서 점포를 마련할 수 있다. 3D프린터는 제품의 제조마저 방 안에서 할 수 있다는 걸 의미한다. 기술이나 아이디어가 있으면 나머지 과정은 값싸게 구입할 수 있는 시대가 온다. 기술창업은 미래지향적이다.

기술창업은 고정자본이 들지 않고, 시간이 흐를수록 부가가치가 높아지고, 미래의 환경변화에 오히려 우호적이다. 반면에 소자본창업은 발 빠르게 업종을 전환해가지 않으면 안 되는데 업종을 예측하는 것 자체가 어렵다. 소자본창업으로 들어가는 문은 넓으나 문 뒤에 있는 길은 험난하다. 출구를 찾기 어렵다. 반면에 기술창업은 들어가는 문은 좁고 어려우나 문 뒤에 있는 길은 넓다. 기술창업이라는 좁은 문이 답이다. 한 사람이 하나의 기술로 1人 1技, 한 사람이 하나의 기업1人 1企을 만들어보자.

3장

기술 중심으로
생애설계 다시 짜라

. . .

고령자 취업시장의 변화

　기술 중심의 생애설계를 하기 전에 고령취업시장의 변화를 알아둘 필요가 있다. 변화의 흐름을 알아야 후회 없는 선택과 구체적인 계획, 철저한 준비를 할 수 있다. 고령취업 시장의 변화 추이를 보면 현재는 여전히 단순노무 비중이 가장 높지만 기술과 전문성 관련 직업의 비중이 점점 증가하고 있다. 일반적으로 고령자는 55세 이상의 나이를 말하지만, 여기서는 55~79세까지의 현황을 살펴보기로 하자. 다음은 2005년부터 2014년까지 10년 동안 고령자의 취업시장

3장 기술 중심으로 생애설계 다시 짜라

변화를 살펴본 결과이다. 아울러 고령취업시장의 특징도 살펴보기로 한다.[1]

직업별로 살펴보면 2014년 5월 현재 전체 고령취업자 중 단순노무직종사자, 기능·기계조작종사자, 서비스·판매종사자가 약 68%를 차지할 정도로 높고 사무직과 관리자 및 전문가는 14% 정도만 차지하고 있다. 그리고 농림어업숙련종사자가 약 18% 정도를 차지하고 있다.

지난 10년 동안의 변화를 살펴보면 농림어업숙련종사자는 줄어드는 반면 사무종사자와 기능·기계조작종사자 중심으로 고령취업이 증가하고 있다. 사무종사자는 10년 동안 연평균 13.0% 증가하여 전체 직업 중 증가율이 가장 높았다. 그다음이 기능·기계조작종사자로 연평균 취업자가 9.7% 늘어났다.

2009년까지는 서비스·판매종사자가 많았지만 기능·기계조작종사자의 빠른 증가로 2010년 이후 이 둘의 비중이 역전되었다. 기능·기계조작종사자들은 기술이 있어서 퇴직 후 재취업을 하는 비율이 높은 것으로 보인다. 관리자 및 전문가는 연평균 6.5% 증가하여 증가율 3위를 차지했다. 가장 많이 줄어든 분야는 농림어업숙련종사자로 연평균 성장률이 -1.4%로 매년 지속적으로 감소하고 있다. 이 직업군은 2008년까지는 고령취업자 중 가장 높은 비중을 차지했으나 지금은 3위로 하락했다. 기능·기계조작종사자와 관리자 및 전문가 관련 취업자가 지난 10년 동안 많이 증가해왔지만 고령취업자 중 가장 높은 비중을 차지하는 직업은 여전히 단순노무직종사자로 전체 고령취업자의 27%를 차지하고 있다.

55~79세가 아닌 55~64세와 65~79세로 나누어 고령취업자 현황을 살펴보자. 65~79세에 들어서게 되면 단순노무종사자와 농림어업숙련종사자의 비중이 68%로 크게 증가하는 반면에 기능·기계조작종사자, 관리자·전문가, 사무직의 비중이 55~64세의 37%에 비해 18%로 낮아진다. 다만 10년 동안의 변화 추이를 보면 이 연령대에도 기능·기계조작종사자의 취업자 증가율은 연평균 11.2%로 아주 높다. 55~64세 연령대에서 같은 직종의 연평균 증가율이 9.3%인 것을 감안하면 고령으로 갈수록 취업시장에서 기술직의 강세가 보이는 부분이다. 향후에 정년이 늦춰지고 수명이 길어지면서 점차 기술자와 전문가의 비중이 높아질 것으로 보인다.

3장 기술 중심으로 생애설계 다시 짜라

구직 경로를 조사해보면 친구·친지 소개 및 부탁이 40%로 여전히 가장 높다. 한편 고용노동부 등 공공직업알선기관을 통해 구직활동을 한 비중은 2006년 12%에서 2014년은 26%로 크게 증가했다. 그에 반해 민간의 직업알선기관을 통한 비중은 10% 정도에 불과했다. 아는 사람이나 공공직업알선기관을 통해 구직활동을 하는 비중이 67%에 이르러 거의 대부분을 차지하는 셈이다. 앞으로 구직자가 많아지고 공공직업알선기관이 공공인프라를 통한 구직경로를 지속적으로 확대해가면서 공공직업알선기관을 통한 비중이 높아질 것으로 본다.

특징적인 것은 일자리를 선택하는 주요 기준이 임금수준 일변도에서 다른 이유들의 비중이 높아지면서 다양화되고 있다는 점이다. 2005년에는 일자리를 선택하는 기준으로는 임금수준이 50%로 절반을 차지했으나 2014년에는 이 비중이 23%로 큰 폭으로 하락했다. 반면에 일의 양과 일하는 시간대의 비중은 13%에서 28%로 증가했고 일의 내용을 선택기준으로 삼는 비중도 7%에서 13%로 증가했다. 노후에는 일을 선택하는 기준이 임금보다는 오히려 일의 양과 일하는 시간대를 더 중시하고 있다는 뜻이다. 그러다 보니 전

일제 일을 원하는 고령취업자는 10년 전에 73%였으나 지금은 67%로 줄어들었다. 또한 계속근로 가능성, 즉 오래 일을 할 수 있느냐 여부가 14%에서 19%로 증가했다. 고령자들의 일을 선택하는 기준이 10년 전에는 '돈을 벌기 위해서 굵고 짧게'였다면 지금은 '비경제적 가치를 위해 가늘고 길게'가 되었다. 이러한 변화는 계속될 것으로 본다.

지난 10년간 고령취업시장은 많은 변화를 겪었으며 지금의 55~64세가 65세 이상의 취업시장으로 옮겨가는 때가 되면 기술자와 전문가의 시장, 비경제적 동기의 취업 비중 증가 등의 양상이 강화될 것이다. 우리나라는 1955년 이후 출생한 베이비부머들의 교육수준이 높기 때문에 고령취업시장은 지금보다 훨씬 전문화·다양화의 길을 걸을 것으로 보인다.

자산개념에서
소득개념으로

생애설계를 할 때 대부분은 돈을 얼마 모아야겠다고 생각한다. 필자가 모임에 가보면 이런저런 이야기를 나누다가 결국에는 집과 금융자산을 합해서 얼마 정도가 되면 노후에 충분한지를 물어온다. 그러나 100세 시대에는 잘못된 질문이다. 5억 원을 모은다, 10억 원을 모은다는 것이 생애설계의 목표가 되어서는 안 된다.

A씨는 자산이 많다. 집은 10억 원 정도, 금융자산도 10억 원을 보유하고 있다. 금리를 최소 5%만 잡아도 1년에 5,000만

원이니 한 달에 400만 원은 받는 셈이다. 집을 줄여 5억 원짜리로 옮기면 추가로 200만 원은 이자로 확보할 수 있다. 그는 노후 걱정 없다고 생각했다.

그런데 금리가 5%에서 1.5%로 하락했다. 이자수입이 매월 400만 원에서 130만 원이 채 안 되게 줄어버렸다. 그뿐 아니다. 친구가 2억 원 자본금만 대면 매월 300만 원 월급을 줄 뿐 아니라 부사장 자리까지 주겠다고 해서 사업자금을 댔다가 몽땅 날려버렸다. 또 사업하는 아들이 부도를 막아야 한다고 해서 1억 원을 주었는데 결국 부도가 나고 말았다. 1억 원을 다른 사람에게 그냥 준 셈이다. 딸이 결혼하는데 조건 좋은 신랑을 만나 가는 터라 어찌어찌 우여곡절을 겪은 끝에 전세자금, 혼수 등 해서 3억 원을 써버렸다. 이것만 잘해주면 딸이 평생 행복하게 살 것 같았다. 이제 집 10억 원, 금융자산 4억 원이 되어버렸다. 4억 원에서 1.5%로 이자를 받으면 월 50만 원 정도 받는다. 매월 400만 원의 목표가 달성되었다고 생각했는데 이제 매월 50만 원으로 줄어버렸다.

한편 B씨는 자산은 많지 않은 공무원 25년차다. 이제 5년만 있으면 퇴직이다. 집은 5억 원, 금융자산은 2억 원 정도

들고 있다. A씨에 비하면 훨씬 초라해 보인다. 젊을 때부터 변액연금을 넣어서 퇴직하면 한 달에 100만 원은 종신토록 받게 해놓았다. 공무원연금이 매월 350만 원 정도 나오는데 물가에 연동되기 때문에 매년 금액이 많아진다고 한다. 아들이 갑자기 사업자금을 보태달라고 했지만 가진 돈이 없어서 못 줬다. 딸이 시집갈 때는 1억 원 정도 보태주었다. 연금을 깰 수도 없고 하니 자식들도 뭐라 요구할 게 없었고, 현금이 없다 보니 주변에서 사업하자고 꾀는 친구들도 없었다. B씨는 이제 퇴직하면 평생 450만 원을 받게 되고 이 중 350만 원은 물가가 오르면 받는 금액도 증가한다. 연금은 목돈으로 중도에 인출하기 어렵기 때문에 갑자기 연금이 사라질 염려도 없다. 450만 원 받는 연금을 자산으로 환산하면 가치가 얼마인지 알아보니 20억 원이 넘는다고 했다. 소득 기준으로 노후준비를 한 B씨는 환경이 변해도 영향을 받지 않는다.

100세 시대에는 B씨처럼 소득 중심으로 노후설계를 해놓아야 한다. A씨처럼 자산 중심으로 설계하면 다음과 같은 여러 가지 문제가 발생한다.

우선 예상보다 수명이 길어지면서 생애설계에 차질을 빚

는다. 말하자면 수명 리스크에 노출된다. 매월 300만 원 정도를 쓴다면 기대수명이 10년 길어지면 원금만 3억 6,000만 원이 더 필요해진다. 기술혁신으로 새로운 질병 치료법이 나오고 있으며 또 이를 이용하는 비용이 싸지면서 향후에 수명이 얼마까지 길어질지 불투명한 상황이다. 임플란트 보급으로도 수명이 길어진다고 하니, 줄기세포까지 가세하면 상상이 쉽지 않다.

금리가 하락하면 이자수입도 줄어든다. 금리 리스크에 노출되는 것이다. 5% 때는 5억 원 자산에서 매년 2,500만 원의 소득이 나오지만 1%로 하락하면 500만 원에 불과하다. 거꾸로 보면 매년 2,500만 원의 이자소득을 만들기 위해서 5% 금리일 때는 5억 원이면 되었는데, 1% 금리일 때는 25억 원이 필요하다. 초저금리에서는 특히 민감하다.

또한 보유자산의 가격이 크게 하락하는 자산가격 하락 리스크에 노출된다. 노후에는 대개 금, 부동산, 금융자산을 보유하고 있는데, 집값이 크게 하락하거나 금값이 하락할 수 있다. 금융자산도 위험자산의 가격이 큰 폭으로 떨어질 수 있다. 자산에서 소득흐름이 나오게 되는데 자산가격이 크게 하락하면 거기에서 나오는 소득도 줄어들어버린다. 주택의 비중이 매우 큰 우리나라는 주택가격 하락 리스크에 많이 노출되어 있는 셈이다.

의외의 사건으로 돈을 쓰게 되는 이벤트 리스크도 있다. 자식이 하는 사업체가 갑자기 자금이 부족해졌다든지 본인이 금융사기를 당할 수도 있고 도박으로 돈을 날릴 수도 있다. 목돈을 가지고 있다 보면 지출을 안 할 수 없다. 일본에서 노후파산을 당한 사람들은 하나 같이 "젊을 때 열심히 일한 대가가 이것이냐"라는 항변을 한다. 이 사람들 중에는 사업이 실패하거나 질병 때문에 의외의 상황으로 돈을 써버리는 경우가 많다.[2] 갑작스런 사건이 아니더라도 돈을 못 찾게 스스로 묶어놓지 않으면 목돈은 가뭄에 저수지 물 줄어들듯이 조금씩 줄어들게 된다.

노후설계의 목표를 자산이 아닌 소득으로 한다면, 리스크를 평가할 때도 자산이 아닌 소득 관점에서 보아야 한다. 예를 들어 20년 만기의 물가연동국채를 들고 있다고 하자. 만기까지 보유하고 있으면 6개월마다 물가가 오른 만큼 이자금액을 더 받게 된다. 그런데 이 채권은 기본적으로 채권의 속성을 가지고 있기 때문에 금리 변화에 가격이 민감하게 움직인다. 매번 자산가치 평가를 하다 보면 변동성이 커

✚ 100세 시대의 노후설계

서 노후에 보유하기 위험한 자산으로 생각한다. 물가연동채권은 소득의 관점에서 보면 리스크가 거의 없지만 자산의 관점에서 보면 리스크가 큰 자산이다. 반대로 현금은 자산 관점에서는 변동성이 없으므로 리스크가 없지만 소득 관점에서 보면 물가상승에 따라 구매력이 크게 하락할 수 있는 위험한 자산이다. 우리가 노후설계를 어떤 목표로 할 것이냐에 따라 리스크 관리도 소득 관점으로 바꾸어야 한다.

100세 시대의 노후설계에서 첫 단추는 소득 개념 목표와 소득 중심의 리스크 관리다. 소득은 여러 종류가 있다. 근로소득, 이자소득, 배당소득, 임대소득, 양도소득, 사업소득 등 규칙적인 것도 있고 불규칙적인 것도 있으며, 지급이 확실한 것도 있고 불확실한 것도 있다. 소득의 근간이 되는 것은 사람, 부동산, 금융자산 등 다양하다. 이러한 다양한 소득에서 생애설계를 하는 데 가장 중심적 위치를 차지하는 게 근로소득이다. 사람들은 젊을 때 일을 해서 돈을 벌고 이를 저축하여 자산을 만든 다음 노후에 이 자산을 이용하여 또 다른 소득을 얻는다. 만일 노후에도 일을 멈추지 않고 근로소득을 계속 벌어들일 수 있다면 훨씬 용이하게 노후준비를 할 수 있다. 결론적으로 말하자면 생애설계의 핵심은 소득 개념이며, 소득에서는 일을 해서 버는 근로소득이 중심이다. 노후에 양질의 근로소득을 얻기 위해서는 단순근로직이나 소자본창업보다는 기술에 기반을 두는 게 좋다. 기술이 중심을 오래 잡아주면 생애는 흔들림이 없다.

자산 개념 노후설계의 리스크

- 수명 리스크
- 금리하락 리스크
- 자산가격하락 리스크
- 이벤트 리스크

생애설계를
어떻게 짜야 할까?

생애설계를 어떻게 짜야 할까? 오늘날 생애설계의 기본이 되는 이론이 있다. 노벨경제학상 수상자인 프랑코 모딜리아니F. Modigliani가 1950년대에 세웠던 생애주기가설이다. 이이론에 따르면, 사람들은 소비를 전 생애에 걸쳐 일정하게 혹은 변동이 적게 유지하려고 하기 때문에(중요한 가정이다), 소득을 그때그때 바로 지출해버리지 않고 향후에 발생할 소득 흐름까지 감안하여 현재 소비를 결정한다는 것이다.

만일 죽을 때까지 소득이 일정하게 유지만 된다면 오늘

번만큼 오늘 써버려도 그만이다. 문제는 소득이 죽을 때까지 일정하게 유지되지 않고 젊을 때는 많다가 은퇴 후에는 없어진다는 것이다. 버는 대로 소비를 한다면 은퇴 후에는 소득이 없으니 소비도 없어야 한다. 이렇게 되면 전 생애에 걸쳐 일정한 소비를 유지한다는 목표를 충족시키지 못한다. 그래서 젊을 때 소득의 일정 부분을 저축해두었다가 은퇴 후에는 이를 찾아 전 생애에 걸쳐 소비를 비교적 균등하게 유지하는 것이다.

기존 생애설계 모델과 달리 앞으로 생애설계는 은퇴 후의 시간이 엄청나게 늘어난다는 점을 염두에 두어야 한다. 다시 말해, 은퇴 시점에 충분한 금융자산을 모아두게끔 짜야 한다는 말이다. 그런데 문제는 대다수 사람들이 은퇴 전에 금융자산을 충분히 모아둘 수 없다는 점이다. 어떻게 하면 좋을까? 결론부터 말하자면, 100세 시대 생애설계의 핵심은 인적자본 강화다. 이제 생애설계 모델은 다음과 같이 진화해야 한다.

일의 비중을 높여라

자원을 배분할 때는 자원의 가치를 평가하여 가치가 높은 것은 많이 배분하고 낮은 것은 적게 배분하는 게 일반적이다. 주식이나 채권 같은 금융자산을 배분할 때 기대수익이 높은 자산의 배분을 늘리는 것과 같다.

일의 기회가 높아지고 있다. 100세 시대는 수명이 길어지기 때문에 '계속할 수 있는 일'의 가치가 높아지게 된다. 예를 들어, 변호사나 의사 같은 전문직의 일은 수명이 짧은 때에 비해 길 때 그 가치가 더 높아진다. 봉제, 구두, 가방 등 소공인들은 정년이 없으며, 제조업에서 기술을 가진 사람들은 정년퇴직을 해도 그 일을 계속한다. 장수시대가 되면서 전문직이나 기술직을 하고 싶어 하는 사람이 많은 것은 이 때문이다.

일의 가치는 수명이 늘어남으로써 높아지기도 하지만 저금리 때문에 더 높아진다. 일의 현재가치를 계산하려면 일에서 얻게 되는 편익의 흐름을 할인해야 하는데, 저금리에는 할인율이 낮아지기 때문에 현재가치가 높아지게 되는 것이다.

일의 가치에는 비금전적 가치가 포함된다. 즉 '일의 가치＝

3장 기술 중심으로 생애설계 다시 짜라

금전적 가치+비금전적 가치'라고 할 수 있다. 특히 노후에 일을 오래하게 되면 소득이라는 금전적 가치뿐 아니라 비금전적 가치도 얻을 수 있다. 여기서 비금전적 가치란 관계망을 넓혀주든지, 건강을 증진시키든지, 노후의 과잉시간을 활용한다든지 하는 것의 가치를 말한다. 젊을 때는 일의 가치가 주로 금전적 가치이고 비금전적 가치는 '0'에 가깝다. 젊을 때는 건강하고, 할 것도 많아 시간이 부족하며, 사람들을 다 만나지 못할 정도로 관계망이 크기 때문이다.

반면에 노후에는 비금전적 가치가 커져서 오히려 금전적 가치를 압도할 지경이다. 연세대학교 철학과 교수를 역임했고 수필가이기도 한 김형석 선생은 한 강연에서 사람은 나이에 따라 관계망의 크기가 변해간다고 말했다. 아주 어릴 때는 관계망이 가족이나 친지 등으로 한정되어 있다가 나이가 들고 사회활동을 하면서 커진다. 그러나 은퇴하고 나이가 들어가면 그 관계망이 점차 작아져 나중에는 혼자 남게된다는 것이다. 따라서 나이가 들수록 관계망이 줄어들지 않게 잘 유지해야 한다고 말한다.

아이러니하게도 관계망에 큰 영향을 주는 것들 중 하나

가 돈이다. 돈이 없으면 활동할 수 없기 때문이다. 친구들이 나오라고 해도 나갈 수 없고, 경조사에도 마음 편하게 갈 수가 없다. 이렇게 세월이 흐르다 보면 친구들도 나를 잊게 되고, 그러다가 어느 순간 혼자 있는 자신을 발견하게 된다. 부족한 연금으로 혼자 살고 있는 다시로 다카시 씨는 다음과 같이 말한다. "돈이 없는 것, 병원에 가지 못하는 것보다 제가 더 괴로운 일이 있습니다. 친구와 지인을 잃었다는 것이지요."[3] 일을 해서 소득이 많아지면 일을 통한 관계망뿐 아니라 소득을 통한 관계망도 확대되는 반면에 일을 하지 않아 소득이 없어지면 두 관계망이 가속적으로 축소된다. 노후에는 일의 금전적 가치와 비금전적 가치가 상호관계를 갖는다.

노후에 어떤 일을 하게 될 때 그것의 비금전적 가치가 아주 큰데도 금전적 가치만을 따져서 의사결정을 하는 경우가 생길 수 있다. 그러나 일이 주는 비금전적인 부분에 대한 가치를 제대로 평가하지 않으면 은퇴 후 일에 관한 의사결정을 내릴 때 잘못할 가능성이 커진다. 그리고 노후에는 일의 가치를 계산할 때 일을 통해 얻게 되는 편익의 흐름에 소득뿐 아니라 비금전적 편익도 같이 감안해야 한다.

우리는 젊을 때 일하고 노후에는 저축한 돈으로 생활하는 기존의 생애설계 모델을 탈피하여 노후에도 자신의 일을 계속하는 모델을 만들어가야 한다. 여기에는 기술과 인적자본이 중요한 역할을 한다. 이를 위해서 인적자본에 투자해야 하며, 금융자산과 인적자본의 재배분을 단행해야 한다.

$$일의\ 가치 = \frac{금전\ 소득 + 비금전적\ 편익}{할인율(금리)}$$

인적자본 투자를 늘려라

64세인 강신영 씨는 춤으로 제2의 인생을 살고 있다. 젊었을 때는 건설회사에 다니면서 중동에서 주재원 생활도 했는데 외환위기 이후 1999년에 비교적 이른 49세 나이로 퇴직을 했다. 그는 이미 1993년부터 춤을 배우기 시작하여 각종 춤과 이론도 섭렵했던 차에 퇴직 후 본격적으로 춤 공부를 하려고 영국으로 유학을 떠났다. 댄스스포츠로 유학을 떠난 건 국내 최초라고 한다. 그리고 두 달 만에 국제지도사 자격증을 땄다.

그는 이후 댄스 관련 칼럼도 쓰고 노후에 관한 강의도 하고 춤도 가르치면서 매일 바쁜 생활을 하고 있다. 몸도 건강해져서 2015년 건강검진을 할 때 신체나이가 46세, 정신 나이는 38세로 나왔다고 한다.[4] 60대 중반의 나이지만 지금 전성기를 누리고 있다. 젊어서부터 좋아하는 것에 투자하고 퇴직하고 나서도 과감하게 영국으로 유학을 가는 결정을 한 결과이다.

이처럼 전문성에 바탕을 둔 일의 가치는 노후가 되면서 더욱 높아지기 때문에 은퇴 후에도 일할 수 있도록 인적자본에 투자를 하는 게 좋다. 아직 우리나라 현실상 모든 분야가 그런 것은 아니지만 앞으로는 100세 시대에 맞게 인적자본 투자에 적합한 환경으로 바뀔 것이다.

우리나라는 수능일이 되면 난리가 난다. 대학입학 시험이라고 주식시장이 한 시간 늦게 열리는 나라도 아마 없을 것이다. 이유는 간단하다. 대학교를 잘 나오면 향후 20, 30년이 편하기 때문이다. 어떤 사람은 평생 자기가 나온 대학을 이마에 붙이고 사는 사람도 있다. 이렇듯 대학을 중요하게 생각하기 때문에 여기에 들어가려고 엄청난 투자를 한다. 2012년 통계청에 따르면 적절하게 사교육도 해가면서 공교육을 마치고 사립대학교를 보낼 경우 자녀 한 명당 전체 교육비가 1억 500만 원에 이른다.[5] 평균이 이 정도인데 좀 더쓴다고 하면 1억 5,000만 원은 훌쩍 넘긴다. 돈도 돈이고 학생들도 사생결단을 해서 공부를 한다.

그런데 대학에 입학하여 공부하고 직장에 들어가서는 업무를 익히는 것 외에 거의 교육투자를 하지 않는다. 곰곰이 돌아보면 자신에게 투자해본 기억이 별로 없을 것이다. 다들 인적자본 투자는 자녀에게 하는 것으로 생각하다 보니 자신에 대한 투자는 익숙하지 않다. 말하자면 대학교육은 과다투자이고 평생교육은 과소투자를 보이는 것이다. 실제로 우리나라 대학교육은 OECD 평균보다 훨씬 높지만 직업능력개발 참여율은 OECD 국가 중 최하위이다. 성인의 평생학습 참가율 역시 30% 수준으로 OECD 평균 40%에 못미친다.[6] 이런 행태는 100세 시대에 맞지 않다. 기술혁신으로 급변하는 사회에 맞지 않은 전략이다. 이제는 나 자신의 인적자본에 좀 더 과감하게 투자해야 한다. 생존력을 높이기 위해서는 젊을 때부터 지속적으로 투자하면 좋겠지만 은퇴 후라도 자신의 일을 하기 위해 적극 투자해야 한다.

불과 얼마 전까지만 해도 우리는 평생 거의 한 가지 일만 하다가 60대에 은퇴한 뒤에는 금융소득으로 살아갔다. 이를 그래프로 그려보면 인적자본 가치가 하나의 종 모양 곡선이 된다. 인적자본 투자를 통해 노후에 일을 하게 되면 종 모양의 오른쪽 끝을 길게 늘여서 60세에 끝나던 부분을 70, 80세까지 연장한 모양이 된다.(모델 1)

일의 곡선을 두 개 만드는 방법도 있다. 40대부터 직장에서 일하면서 동시에 자신에게 투자를 하는 것이다. 그러면 새로운 인적자본의 곡선이 하나 더 생기게 된다. 주된 직장을 그만둘 때쯤이면 이제 새로운 인적자본의 가치가 높아져 있기 때문에 이를 기반으로 노후를 준비한다.(모델 2) 이렇게 일의 곡선에서 끝을 좀 더 늘리든지 아니면 좀 더 앞

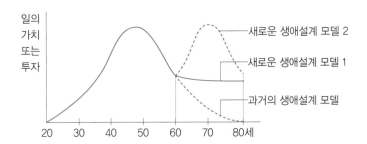

✚ 100세 시대 일(인적자본)의 곡선

3장 기술 중심으로 생애설계 다시 짜라

서 또 하나의 곡선을 만드는 것이 장수시대에 대처하는 방법이다.

태미 에릭슨Tammy Erickson은 한 걸음 더 나아가 일의 곡선을 획기적으로 바꿔야 한다고 말한다. 일의 곡선을 평생에 걸쳐 여러 개 만들어가자는 주장이다. 크기는 작지만 여러 개의 일의 곡선이 계속 이어지는 형태이다. 종을 나란히 달아놓은 것 같다고 해서 편종형 일의 곡선이라 부른다.[7] 평생 일을 하고 나서 노후에 한 가지 새로운 일을 찾아 나서는 이모작이 아니라 젊을 때부터 사모작, 오모작을 계속해가는 형태를 의미한다. 미래사회는 지속적으로 자신을 변화시켜가며 다양한 일을 할 수 있는 환경이 조성될 것이기 때문이다. 인적자본 가치를 높이기 위해 이제는 중년의 나에게도 획기적으로 투자해야 한다.

금융자산과 인적자본의 비중을 조정하라

저금리가 되면서 축적한 금융자산의 가치는 매년 2%대로 올라간다. 거기서 발생하는 수익도 동일하다. 반면에 인적자산을 축적하면 그보다 훨씬 높은 가치를 낳을 가능성이 크다. 예를 들어 2,000만 원의 금융자산은 금리 1% 시대에는 매년 20만 원의 이자가 나온다. 한 달에 2만 원도 채 되지 않는다. 커피 넉 잔 값이다. 2,000만 원을 종신연금에 넣어두면 매월 6만 원 정도를 받는다. 커피 12잔 값이다. 그런데 같은 돈을 자신에게 투자하여 매월 100만 원의 소득을 얻을 수도 있다. 훨씬 효율적인 자원배분이다. 따라서 100세 시대에는 금융자산의 일부를 인적자본에 투자해서 그 가치를 높이는 것이 효율적이다.

기존의 생애설계 모델은 은퇴 전 직장에서 소득을 높이기 위해 인적자본에 투자하는 정도가 전부였다. 노후의 소득을 위해 자신에게 투자하는 경우는 드물었다. 대개 축적한 금융자산으로만 노후를 이어갔다. 그러나 앞으로 생애설계 모델에서는 인적자본의 비중을 높이기 위해 효율성이 떨어진 금융자산의 일부를 효율성이 높아진 인적자본에 투자하는 자원의 재배분이 필요하다.

인적자본과 금리

인적자본은 그 사람이 평생 벌 소득을 금리로 할인하여 계산하는데, 채권의 가격을 계산하는 방법과 같다. 다만 채권은 만기에 원금을 받지만 인적자본은 그런 것이 없다는 데 차이가 있다. 인적자본을 계산할 때는 채권가격을 계산할 때와 마찬가지로 이자금액을 그 사람이 받는 소득으로 대신하고 할인율은 시장금리 정도로 보면 된다.

영구적으로 소득을 받는 것이라고 하면 인적자본과 금리와의 관계를 다음과 같이 설명해볼 수 있다. 1년에 3,000만 원을 받는 사람은 금리가 10%일 때 인적자본 가치는 3억 원(=3,000만 원/0.1)이 된다. 5% 금리면 6억 원의 가치가 된다. 그런데 2%이면 15억 원으로 껑충 뛰고 1%이면 30억 원으로 급상승한다. 초저금리가 될수록 꾸준하게 소득을 오랫동안 얻는 사람의 가치가 급상승하는 것이다.

공무원과 교사의 인기가 급상승한 것도 초저금리 때문이다. 이들 직종은 오랫동안 안정된 소득을 얻을 수 있다는 특징이 있다. 정년이 보장되고 소득은 호봉제로 매년 꾸준히 올라간다. 정년 후에는 국가가 보증하는 안정된 연금을 종신토록 받는다. 25세부터 일을 해서 95세에 사망한다고 하면 거의 70년간 소득이 있는 셈이다. 영구채권이나 별반 다를 바가 없다. 이들 직종의 인기는 금리가 10%가 되면 떨어지지만 현재 수준의 초저금리라면 계속 인기를 끌게 될 것이다.

초저금리에서는 금리와 인적자본의 관계가 급속하게 변하게 된다. 인적자본의 가치는 저금리가 될수록 높아지되 초저금리가 심화되면 '가속적으로' 높아진다.

인적자본에
투자하는 방법

노후 인적자본에 투자하기 위해 기술을 익혀야 한다고는 했지만 그럼 어떻게 자신에게 투자할 것이냐고 자문해보면 막연할 것이다. 그래서 노하우 몇 가지를 살펴보고자 한다.

첫째, 자금을 별도로 마련해둔다

기업은 돈을 벌면 내부유보를 했다가 설비투자 자금으로 사용한다. 기업과 마찬가지로 개인도 젊을 때 돈을 벌면서 노후 인적자본에 투자할 자금을 따로 떼어두는 것이 좋다.

특별히 구분 없이 일괄적으로 저축을 해서 이 자금으로 노후에 생활비든 인적자본 투자든 쓸 수도 있지만 이 경우 중간에 목적의식이 흐려질 수 있다. 내가 아는 어떤 분은 통장을 40개도 넘게 가지고 있다. 각 통장마다 무엇을 하기 위해서 돈을 모으는지를 다 적어놓았다. 거추장스럽긴 하지만 효과는 확실하다. 이처럼 노후에 자신에게 투자할 돈을 따로 떼어내어 모아보자. 대부분 아이의 학비나 주택마련 등의 목적성 자금은 당연하게 생각하면서도 노후 자신의 인적자본에 투자할 자금은 생각하지 않는다. 통장을 하나 만들고 그 통장의 이름을 '나를 키우는 투자 통장'이라고 해놓으면 이 자금을 함부로 건들지 않을 것이다. 또 통장을 볼 때마다 목적의식을 잃지 않게 될 것이다.

둘째, 일찍부터 꾸준히 해나간다

자신이 좋아하고 능숙한 기술이 있으면 젊어서부터 꾸준히 투자해서 실력을 갖추어놓자. 40대 정도에 자신에게 투자해도 좋다. 특히 40대는 지금까지 자신이 쌓아둔 인적자본의 가치가 낮아지는 시기이기 때문에 재투자가 필요한 시점이다. 그래서 직장인들의 소득도 40대 중후반에서 50대

초까지 정점에 이른다. 이때의 인적자본 투자는 현직에 더 오래 있기 위해서도 필요하지만 현직을 나와 인생 이모작을 할 때도 필요하다. 주말에 틈틈이 기술을 익혀두면 은퇴할 때는 이미 숙련 기술자가 되어 있다. 휴일 이틀을 쉬거나 놀지만 말고 자신의 기술에 투자하자.

자금도 기술도 준비되어 있지 않다면 은퇴 후에 3년 정도 바짝 투자를 해도 늦지 않다. 방송통신대학교는 학비도 40만 원대 정도로 부담도 적고 도서관도 이용할 수 있으며 젊은 세대와 토론할 수도 있다. 모르는 것이 있으면 교수에게 이메일을 보내거나 직접 찾아가 물어볼 수 있다. 찾아보면 효율적으로 학습할 수 있는 공간은 많이 있다. 자동차를 사려고 마음 먹으면 갑자기 길에 다니는 자동차가 모두 세세히 눈에 들어오는 것처럼 나에게 투자해야겠다고 마음먹으면 주변에 배움의 장소들이 많이 보이게 된다.

셋째, 배우자에게 투자하는 것도 좋다

요즘은 창업에서 여성의 비율이 높아지고 있다. 커피전문점이나 미장원 등 여성이 할 수 있는 분야가 넓어지고 있는 것이다. 여성에 관한 한 보수적이기로 유명한 일본도 아베

내각이 들어선 후 여성의 경제활동 참가율을 높이기 위해 애쓰고 있다. 산업이 서비스화되면서 힘을 쓰는 기술의 비중이 줄어든 것도 여성의 경제활동이 늘어난 이유 중 하나다. 이제 남자가 담당하던 힘든 일은 기계가 다 한다. 이 기회에 여성 배우자의 잠재성을 한번 살펴볼 필요도 있다. 과감하게 지금까지의 부부의 역할을 바꾸어서 생각해보자. 배우자가 어떤 취미와 특기를 가지고 있는지 잘 관찰해보고, 둘 중 누구든 기술이 좋고 하고 싶어 하는 사람에게 투자를 해주면 된다.

넷째, 자신에게 돈을 쓴다

투자 자체가 돈을 쓰는 것인데 무슨 뚱딴지같은 말이냐고 할 수 있지만 투자는 돈뿐 아니라 시간도 있다. 공부를 하려면 시간을 내야 하기 때문이다. 시간도 필요하지만 돈을 쓰지 않는 투자는 진정한 투자가 되기 어렵다. 정신과 의사들은 상담을 할 때 돈을 받아야 환자가 잘 낫는다고 하는데 근거 없는 말은 아닐 것이다. 영화 〈하늘 위를 걷는 남자〉는 1970년대에 412미터 높이의 세계무역센터 쌍둥이 빌딩 사이를 안전장비 하나 없이 외줄을 타고 건넌 필립 프티의 일대기이다. 이 영화를 보면 스승 파파 루디가 주인공에게 줄을 묶는 방법을 가르치면서 자신에게 와서 배울 때마다 돈을 내게 한다. 그리고 마침내 주인공이 모든 준비를 마치고 이제 곧 세계무역센터를 건널 때가 되자 걱정스런 마음에 안전줄을 매라고 한다. 주인공은 스승의 제안을 거절하지만, 자기 입장이었으면 스승도 안전줄을 매지 않았을 것이라고 생각한다. 그리고 스승은 제자를 독려하며 지금까지 기술을 가르칠 때마다 받았던 돈을 모두 돌려준다. 스승은 돈을 지불해야 훨씬 빨리 배운다는 사실을 알고 있었던 것이다.

이제는 자신에게 돈을 쓰면서 투자를 해보자. 베이비부머와 그전 세대들은 학교에서 배우는 것 외에 대부분을 혼자 공부했다. 책으로 배우고 뭐든지 독학이다. 골프도 그렇다. 그렇게 배우다 보니 스윙 폼이 제각각이다. 골프 레슨을 받으며 제대로 배운 젊은 사람들이 스윙하는 것을 보면 정말로 아름답다. 돈의 기능이다. 오래전 골프를 처음 배우면서 공이 안 맞아 투덜대자 동반자가 "돈도 시간도 투자하지 않고 잘 맞기를 바라면 도둑놈 심보"라고 말한 적이 있다. 나는 다음 날 바로 레슨을 받으러 갔다. 기술을 배울 때, 전문

성을 익힐 때 이제 돈을 써서 제대로 배우자. 제대로 배워야
오래간다.

다섯째, 좋은 기관이나 좋은 사람을 통해 배운다

유럽의 장인제도에서는 훌륭한 스승 밑에 들어가기 위해
온갖 고생을 한다. 도제를 하는 데 3~6년 정도가 걸릴 정
도다. 도제는 공방에서 숙식을 같이하고 마스터의 일을 도
와주면서 배우는 현장실습훈련on-the-job training이다. 공방
의 기술을 발설하지 않을 거라는 신뢰를 얻기 전까지는 기
초적인 기술밖에 배우지 못한다. 이 과정을 무사히 마치면
직공journeyman으로 승진하여 전문성을 갖추기까지 다시 일
을 한다. 직공은 다른 도시나 나라를 돌아다니면서 다른 장
인들의 기술을 배운다고 해서 'journeyman'이라고도 한다.
3년간 여러 곳을 돌아다니면서 기술을 배우고 돌아온 뒤
또 다시 장인 밑에서 수년을 일하고 나서 작품masterpiece이
통과되고 나면 비로소 장인으로 올라가게 된다.

요즘도 기술과 관련된 분야에서는 어디에서 배웠느냐가
중요하다. 학교에서도 누구 밑에서 논문을 썼는가가 중요하
고 의사들도 어느 선생님 밑에 있었느냐가 중요하다. 연주자

들이 상을 받고 나면 누구를 사사師事했느냐는 얘기가 꼭
뒤따른다. 기술의 세계는 여전히 이렇다.

중세 장인제도와 현대 모바일의 결합

1인 1기의 사회는 옛날 장인사회를 참조해볼 필요가 있다. 장인사회는 기술이 그 중심에 있었고 소기업가 시대였기 때문이다. 유럽에는 지금도 장인과 이들의 조직체인 길드guild의 전통이 남아 있다. 유럽의 옛 마을에 가면 가게에서 거리 쪽으로 동그란 것을 매달아놓은 걸 볼 수 있다. 망치 등의 문장이 그려져 있는데 길드 조합원들이 자신의 공방을 표시해놓은 것이다. 영국의 시티 오브 런던City of London에는 110개가 넘는 길드들이 동업조합이라는 이름으로 아직도 남아 있다. 길드는 13세기경부터 모습을 갖추어 19세기까지 지속되었고 현재도 그 잔재가 다양하게 남아 있다.

장인제도에서는 도제apprentice와 직공journeyman을 거쳐 장인master이 된다. 장인이 되기 위해서는 자신이 속한 길드의 모든 장인들의 승인을 받는 게 관례였다. 이 외에 돈을 기부하고 걸작품masterpiece을 제출해야 했다. 만일 걸작품을 해당 길드의 장인들이 받아들이지 않으면 여생을 직공으로 남아 있어야 한다. 요즘 석사 학위를 의미하는 MAMaster of Arts도 학문 분야에서의 장인master으로 간주된 사람이라는 뜻이 내포되어 있는 셈이다. 장인제도는 그만큼 뿌리를 넓고 깊게 내리고 있다.

3장 기술 중심으로 생애설계 다시 짜라

장인제도의 단점도 있었다. 우선 오랜 도제기간은 비효율적이었다. 도제기간 중 현장실습을 배우는 것만으로는 혁신을 가져오지 못했다. 이보다 더 큰 문제는 길드라는 조직 자체가 독점적 권한을 추구하는 지대추구rent seeking 집단으로 변질됐다는 점이다. 각 직종이 일정 영역에서 독점권을 행사하다 보니 길드 간의 교류도 별로 없는 폐쇄적인 양상을 띠었다.

이러한 점은 개방된 네트워크로 보완해야 한다. 현대사회에서는 장인제도의 장인정신 추구는 본받지만 폐쇄성은 극복해야 한다. 여기에 더해서 현대사회의 네트워크라는 개방성을 가미한 것이 1인 1기에서 본받아야 할 모델이 아닌가 생각된다. 간단히 표현하면 현대사회의 1인 1기 모델은 중세의 장인제도와 현대 모바일의 결합이라 볼 수 있다.

반연금·반기술
전략

일본의 시오미 나오키 씨는 '반농반X半農半X'의 삶을 주장한다. 농사를 지어 필요한 돈을 벌고 남는 시간에는 자기가 하고 싶은 것을 하는 생활방식이다. 돈은 벌어도 좋고 못 벌어도 좋다. 그래서 모토가 "자연 속에서 자급자족하며 좋아하는 일을 추구하다"이다. 좀 더 구체적으로 표현하면 "농업을 통해 정말로 필요한 것만 채우는 작은 생활을 유지하는 동시에, 저술·예술·지역활동 등 하고 싶은 일과 해야 하는 일을 하면서 적극적으로 사회에 참여하는 삶의 방식"이라고 규정하고 있다.[8] 예를 들어 X에 저술활동을 넣으면 반농반저半農半著가 되는데 농사를 지으면서 저술활동을 하는 삶을 말한다. X는 하나가 아니라 여러 가지를 동시에 추구할 수도 있다.

100세 시대의 새로운 생애설계도 기술에만 모든 것을 의존하는 것은 아니다. 노후에는 모든 것에 안전이 우선이다. 바둑도 '내 바둑돌이 살고 난 후에 상대방을 공격하라我生然後殺他'고 말하듯이 기술전략은 다른 소득전략과 결합해서 구사하는 것이 좋다. 추천을 한다면 연금에서 나오는 소득과 기술에서 나오는 소득을 합하는 '반半연금·반半기술' 전략이다. 연금으로 소득의 반을 마련하고 기술에 기반을 둔 일을 통해 소득의 반을 마련한다는 뜻이다. 이 전략은 몇 가지 특징을 가지고 있다.

우선 소득은 연금을 기반으로 하되 일을 통해 보충한다. 종신연금은 평생 일정 금액을 수령할 수 있기 때문에 안정성이 높다. 국민연금은 물가에 연동되어 지급되므로 구매력이 유지된다는 장점도 있다. 그렇게 국민연금, 퇴직연금, 개인연금을 기본으로 종신토록 받을 연금을 준비하는 것이다. 국민연금을 부부가 같이 수령하는 연금 맞벌이일 경우 부부가 각각 80만 원만 받아도 160만 원이 된다(2015년 7월 기준으로 노령연금 평균수령액은 35만 원이고 20년 이상 국민연금 가입자의 평균 수령액은 88만 원이다).[9] 여기에 퇴직연금, 개인연금을 더하고 거기서 모자라는 부분은 주택을 연금화해서 받을 수 있다. 3억 원의 집을 만 60세부터 주택연금에 가입하면 월 68만 원을 평생토록 받는다.

노후의 적정 생활비가 대략 160~250만 원에 이른다고 한다. 통계청의 2012년 가계금융조사원 자료에 따르면 60세 이상 가구의 월 지출액이 164만 원이었으며, 2013년의 가계금융·복지조사의 설문조사에 따르면 적정 생활비가 247만 원이다. 통계청 2012년 가계금융조사의 자료를 바탕으로 미래에셋은퇴연구소가 60대 2인 이상 가구의 적정 은퇴생활비를 계산해본 결과는 260만 원 정도였다.[10] 일본의 노후파산을 참고하면 연금으로 200만 원은 만들어두어야 할 것 같다. 일을 통해 버는 소득은 변동성이 있고 불확실성이 있으므로 우선 연금으로 안정적인 소득을 마련하고 변동성이 있는 근로소득을 합하는 전략이 좋다. 연금으로 생존자금이 마련되면 더욱 장기적으로 기술로 승부할 수 있으며, 중간의 부침에도 견딜 수 있다.

이렇게 생애설계를 짜면 일을 하는 것도 생존만이 아닌 다른 목적을 동시에 추구할 수 있다. 젊을 때는 가족의 생존을 위해서 일했지만 노후에도 전적으로 생존을 위해 일할 수는 없다. 노후에는 일의 목적이 소득을 얻는 것, 자아실현, 관계망 형성, 건강, 여유시간 보내기 등이 포함된다. 연금소득이 바탕이 되어 있으면 노후의 일을 다양한 목적을 달성하는 수단으로 사용할 수 있게 된다.

이러한 구조는 선순환 과정으로 발전할 수 있는 잠재성을 가지고 있다. 기술을 가지고 일을 하다 보면 경우에 따라서는 연금보다 더 많은 소득을 얻을 수도 있다. 이렇게 되면 기술을 통해서 버는 소득이 주가 되면서 둘의 위치가 바뀐다. 그리고 일을 통해 버는 소득이 안정적으로 들어오게 되면 보유 금융자산을 좀 더 적극적으로 운용할 수 있다. 금융자산만 있을 경우 최후의 보루이기 때문에 위험자산에 많이 투자할 수가 없지만, 근로소득이 있으면 금융자산에서 일시적으로 손실이 생기거나 혹은 영구적으로 손실이 발생하더라도 근로소득으로 메울 수 있기 때문이다. 이처럼 안정적인 근로소득을 벌면서 금융자산을 좀 더 수익성 있는 곳에 투자하면 전체 소득이 증가하는 선순환 구조를 만들 수 있다.

반연금·반기술 전략은 콜옵션과 같다. 콜옵션이란 가격 하락 시에 손실을 막고 상승할 때는 그 수익을 취하는 구조이다. 반연금·반기술 전략 역시 최소한의 소득을 마련하여 그 이하로 소득이 하락하는 것을 막고, 기술을 통해 돈을 벌게 되면 소득이 증가하는 구조이기 때문이다.

안정된 소득을
준비하라

노후준비에 있어 인적자본 투자와 함께 연금도 중요하다는 점을 강조했다. 연금에 대해 좀 더 설명하자면, 우선 국민연금 같은 가장 기본적인 연금을 충분히 활용하고 있는지 살펴봐야 한다. 국민연금은 물가에 연동되어 지급금액이 변동하면서 종신토록 지급되기 때문에 장수 리스크의 대비에 가장 적합하다.

국민연금은 기본적으로 가입 기간이 10년 이상 되지 않으면 60세에 반환일시금을 받을 뿐 연금으로 받지는 못한다.

그러나 추후 납입을 통해 10년 이상 가입하면 국민연금을 받을 수 있는 길이 있다. 강제사항은 아니지만 직장을 다니다가 군대를 가거나 실직을 한 후 다시 취직하면 공백 기간의 납입을 추후에 할 수 있는 것이다. 가입기간이 길어지므로 연금의 혜택도 커진다.

국민연금은 수령 시기를 늦추면 1년당 7.2%를 더 받는다 (최대 5년까지 연기 가능). 지금 돈이 충분하다면 이 제도를 활용해도 좋다. 국민연금을 가급적 충분히 받을 수 있게 제도를 꼼꼼히 살펴보아야 한다.

또한 목돈을 가지고 있지 말고 일정 부분을 연금화한다면 노후에 더욱 안정된 소득을 가질 수 있다. 노후가 되면 개인연금과 퇴직연금을 일시금으로 찾을 수 있다. 이때 일시금으로 받아 보유하지 말고 노후에 필요한 일정 부분은 반드시 연금화해놓는 게 좋다. 예를 들어 60세에 퇴직을 했는데 개인연금과 퇴직연금 총합 3억 원을 찾았다고 하자. 이를 모두 연금화하면 매월 100만 원 정도를 종신토록 받을 수 있다. 50만 원 정도만 필요하면 목돈 중 일부를 연금화하면 된다. 목돈을 스스로 운용하면서 필요한 생활비를 충당하겠다고 생각하는 사람들이 많지만 위험한 발상이다. 금융사기, 도박, 자녀 결혼자금, 자녀 사업자금, 경조사비 등으로 언제 돈이 사라질지 모른다.

돈이 많을 때 5만 원은 아무것도 아닌 거 같아서 쉽게 쓰지만 수중에 돈이 없을 때 5만 원은 엄청나게 큰돈이다. 15년 전에 아이를 데리고 놀이공원에 간 적이 있다. 연간회원증이 있으니까 출입할 때 돈이 필요 없겠거니 하고 깜박하고 지갑을 집에 놓고 갔다. 수중에 현금은 만 원 조금 넘게 있었다. 4인 가족이 만 원을 가지고 뭘 먹으려고 하니 정말로 쪼개고 쪼개서 사먹었다. 돈 만 원 귀한 줄 깊이 실감했던 그 기억이 아직도 남아 있다. 자산이 많을 때는 돈을 쓰는 단위가 다르다. 적지 않은 돈도 비교적 쉽게 쓴다. 노후에는 10만 원이면 큰돈이다. 연금화하는 돈이 20~30만 원 정도라고 우습게 보지 말고 가능한 한 생활비는 연금화해두는 게 좋다. 일본에서 노후파산에 직면한 사람이 했던 말을 명심하자. "고작 100원, 10원 할인도 제게는 매우 중요하답니다."[11]

또 다른 방법으로 보유자산 중 연금화할 수 있는 자산이 있으면 필요시 연금화해두는 것도 있다. 앞서 언급한 금융자산뿐 아니라 주택도 연금화할 수 있다. 주택금융공사에서 취급하고 있는 주택연금에 가입하면 된다. 주택연금은 주택을 담보로 일정 금액을 연금으로 받는 것을 말한다. 다른 나라에서는 역모기지라고 하는데 우리나라는 주택연금이라 부른다. 주택연금은 사망할 때까지 돈을 받을 수 있고 사망하면 배우자가 모두 받을 수 있다. 집값 하락 위험에서도 벗어날 수 있다. 가입 당시에 받기로 한 금액은 그 이후에 집값이 얼마로 하락하든지 관계없이 받게 된다. 그리고 부부가 모두 사망하면 수령했던 연금금액과 관련된 부채금액을 사망 당시의 집값과 비교해서 집값이 더 높으면 그 차액을 상속인에게 지급한다. 주택연금은 3억 원의 집으로 60세에 가입하면 매월 68만 원을, 70세에 가입하면 97만 원 정도를 받는다. 잘 이용하면 노후 필수 생활자금의 상당 부분을 벌충할 수 있다. 해외에서는 자신의 생명보험증서를 넘기고 현금화해서 받기도 한다. 자신의 자산 중 연금화할 수 있는 자산을 잘 살펴보자.

또 한 가지 중요한 것은 연금들의 기능별 특성이 다르므로 서로 잘 섞어야 한다는 것이다. 국민연금, 개인연금, 변액연금 등이라 이름 붙이지만 이들의 기능을 먼저 파악하여 연금들을 적절히 섞을 필요가 있다. 연금을 기능별로는 물가연동지급·정액지급, 종신지급·확정기간지급, 상속 가능·상속 불가 등으로 나누어볼 수 있다. 국민연금은 물가연동지급, 종신지급, 40~60% 상속이라는 기능들을 갖는다. 민간의 종신연금은 정액지급, 종신지급, 비상속이라는 기능이 있다. 주택연금의 경우 정액지급, 종신지급, 100% 상속이라는 기능이 있다. 그래서 월 100만 원 수령이라고 해도 모두 같은 것은 아니다. 국민연금 100만 원 수령은 민간의 종신연금 약 140만 원 정도의 가치가 있다.[12] 국민연금은 물가연동이라는 기능을 더 갖고 있기 때문이다. 여러 연금을 섞어서 소득을 만들 때는 연금들이 가진 기능들을 우선 파악한 뒤 설계를 해야 한다.

　이들을 섞을 때는 생활비의 종류를 파악하여 각각 매칭을 해주면 좋다. 예를 들어 의식주와 관련된 최소한의 필요 생활비는 양을 줄일 수 없기 때문에 물가상승에 따라 생활비도 그만큼 증가하게 마련이다. 따라서 여기에 해당하는 금액은 물가에 연동되어 종신토록 지급되는 연금으로 매칭하는 게 좋다. 국민연금 등의 공적연금이 이에 해당한다. 그리고 여행이나 여가와 같은 임의로 쓰는 생활비는 나이가 들수록 줄어든다. 물가는 올라가지만 소비량이 줄어들므로 전체 명목 생활비는 별로 변화가 없다. 여기에 해당하는 연금은 종신토록 지급되지만 정액으로 지급되는 연금으로 매칭하면 된다. 연금도 그 기능과 생활비 종류에 따라 잘 섞을 필요가 있다.

오디세우스와 연금 묶기

그리스의 작가이며 서사시 『일리아스』를 쓴 호메로스는 『오디세이아』에서 그리스의 지장 오디세우스가 트로이 원정에서 귀국하는 도중 10년 동안이나 바다를 떠돌면서 겪은 모험담들을 이야기하고 있다. 섬의 외눈박이 괴물 키클로프 이야기도 여기에 나온다. 사이렌도 자주 회자되고 있다.

사이렌은 여자의 머리에 새의 몸을 갖추고 아름다운 목소리를 가진 바다괴물이다. 항해를 하는 선원들을 아름다운 노랫소리로 유혹하여 바위에 부딪혀 죽게 만들기 때문에 그들이 사는 섬을 무사히 빠져나오는 배가 거의 없었다. 오디세우스는 선원들에게는 모두 밀랍으로 귀를 막게 하고 자신은 사이렌의 노랫소리를 듣기로 한다. 다만 선원들에게 자신을 돛대에 묶어놓으라고 한다. 결국 오디세우스는 사이렌의 노래를 듣고도 배가 좌초되지 않고 그 섬을 빠져 나온다.

오디세우스는 돛대에 자신을 묶었기 때문에 어떠한 유혹이 와도 어찌할 수가 없었다. 마찬가지로 노후에 우리는 수많은 유혹을 받게 된다. 돈이 많은 사람들에게 그런 유혹은 더욱 크다. 돈을 모아두어도 자기 돈이 아닌 때도 많다. 언제 갑자기 사라질지도 모르기 때문이다. 그래서 우리는 일정 금액의 돈은 자신을 비롯해 그 누구도 건들 수 없게 묶어두어야 한다. 예를 들어 자산을 연금으로 전환해놓으면 아무리 절박해도 이를 목돈으로 찾을 수가 없다. 많은 돈을 그럴 필요는 없겠지만 최소한 생존을 위해 필요한 돈을 연금화해서 묶어두면 노후의 생존을 보장한다.

재무와 비재무가
균형을 이루는 삶

스님들이 선방禪房에서 용맹정진할 때 무문관無門關 수행이라는 것을 한다. 문이 없는 방에 드는 것이다. 좁은 방에 음식만 넣고 내갈 수 있는 배식구가 있다. 여기에 들어가서 몇 년이고 있는다. 드러누워 자든지 거꾸로 매달려 있든지 무얼 하든 상관없다. 누가 간섭도 하지 않는다. 그동안 팍팍한 규율과 규칙적으로 짜인 시간에 맞춰 생활을 하다가 얼마나 자유롭겠는가. 처음에 무문관에 들 때는 하루 종일 드러누워 잠만 자면 좋겠다고 생각한다. 그러나 이것도 하루

이틀, 길어야 일주일 못 간다. 도저히 더 이상 누워서 지낼 수만은 없다. 그다음에는 열심히 운동도 하고 팔굽혀펴기도 하고 비록 좁은 방이지만 왔다갔다 하면서 생각이나 정리해 보고자 한다. 이것도 마찬가지다. 하루 이틀이지 오래하지 못한다.

그러다 보니 무문관 생활을 3년 하다 보면 잘못되어 큰병을 얻기도 하고 생사의 기로에 오가기도 한다. 무문관에 들어가서 살아남으려면 외부의 환경이 아닌 자신의 내부에서 모든 것을 찾아야 한다. 철저하게 마음의 안정을 얻지 않으면 안 된다. 결국 앉아서 참선에 들어서 하루가 1초인 듯한 명상에 들어야 가능하다.

은퇴 후의 삶도 무문관에 드는 것과 비슷하다. 사회적 관계도 좁아지고 규칙적인 일이 없어지면서 남는 시간이 크게 늘어난다. 무얼 하든 누가 간섭도 하지 않고 이제 알아서 해야 한다. 은퇴 직후에 한 달은 늦게 일어나는 것이 너무 좋아서 천국 같다고 한다. 하지만 그 뒤에는 그것도 못할 일이다. 아내와 외출하고 영화 보는 게 너무 좋지만 역시 한 달을 넘지 못한다. 목적 없는 해외여행은 1년이면 수명을 다한다. 결국 은퇴한 지 1년을 넘으면 더 이상 할 일이 없어진다. 그래서 은퇴 후 3년이 남자에게는 위험하다고 한다.

어떤 사람은 일상을 반복적인 생활로 만든다. 베스트셀러 작가인 무라카미 하루키의 삶을 보자. 흔히들 그가 문학가이니 술도 많이 마시고 글도 쓰고 싶을 때 쓰고 자유로운 삶을 살 것이라고 생각한다. 그러나 그는 아주 규칙적인 생활을 되풀이하고 있다. 팍팍하리만큼 금욕적이다. 오전 4시쯤에 일어나서 커피를 마시고 되든 안 되든 책상에 앉아서 10시까지 글을 쓴다. 이후 10킬로미터를 달리고 수영을 하거나 낮잠을 잔 뒤 산책을 하고 번역을 하기도 한다. 새로운 음악을 듣고 장을 봐서 요리를 해서 맛있는 것을 먹는다. 저녁을 먹은 뒤에는 책을 읽고 9시경에 잠자리에 든다.[13] 이렇게 규칙적인 생활로 스스로를 강제하는 이유는 마음이 다른 생각들을 품는 것 혹은 마음에 자유를 주어서 고민하는 것을 없앨 수 있기 때문이다. 일상의 힘이다.

무문관에서는 먹고사는 게 문제가 아니다. 오히려 다른 문제들을 해결해야 살아갈 수 있다. 마찬가지로 100세 시대는 재무적 문제뿐 아니라 노후의 시간, 관계, 건강과 같은 비재무적 문제도 잘 해결해야 한다. 재무적인 부분은 노후의 행복한 삶을 위한 필요조건은 될지언정 충분조건은 되지 못한다. 즉 행복한 삶을 사는 사람들은 돈이 있지만, 돈이 있다고 해서 노후의 삶이 행복하다는 뜻은 아니다. 우리는 수명이 다하기 전에 돈이 없어지는 상태를 '노후파산'이라고 하고 이를 경계하지만 질병이나 가족의 불행, 우울함으로 삶이 피폐해지는 '비재무적 파산'은 그다지 신경 쓰지 않는다.

한국사회에는 늙은 베르테르가 너무 많다. 괴테의 작품 『젊은 베르테르의 슬픔』에 나오는 베르테르는 약혼자가 있는 여자를 너무 사랑해서 정신적인 고뇌 때문에 자살을 하는데, 한국사회의 노인들은 생활고와 고독을 견디지 못해 자살을 한다. 우리나라의 노인 자살률은 2위와 비교되지 않을 정도로 세계적으로 가장 높다. 세계보건기구가 2010년 172개국을 대상으로 조사한 결과에 따르면 60개국 중 우리나라의 자살률이 압도적인 차이로 1위를 차지하고 있다. 자살률 2위인 남미의 수리남이 10만 명당 47.9명이 자살한 데 비해 우리나라는 그 2.4배인 116.2명이 스스로 목숨을 끊었다. 자살의 원인은 경제와 건강문제가 67%를 차지하지만 외로움, 고독, 가정불화도 30%나 차지한다. 경제적인 어려움이 34%이니 나머지 66%가 경제 외적인 요인인 셈이다.[14]

수명이 길어질수록 비재무적 문제가 많이 생긴다. 85세 이상에서는 치매환자가 10명 중 3명이며 중증치매도 10명 중 1명에 이를 정도다.[15] 부부는 자녀들을 모두 결혼시키고 나서도 30~40년을 같이 산다. 직장도 나가지 않고 집에 자녀도 없으면서 부부만 이렇게 긴 세월을 같이 살아온 예는 인류 역사에서 처음일 것이다. 넓게 펼쳐져 있던 사회적 관계도 급격하게 축소된다. 은퇴 후의 11만 시간은 자유이기도 하지만 오히려 삶을 무기력하게 만들 때가 많다.

반연금·반기술 전략은 노후의 재무적인 문제를 해결해줄 뿐만 아니라 건강이나 관계망 확장을 통해 비재무적 문제도 일정 부분 해결해준다. 그렇다고 비재무적 문제가 모두 해결되는 것은 아니다. 노후의 주거 형태, 라이프스타일, 행복한 관계망 구축 방법, 노후의 고독을 발전적으로 변화시킬 수 있는 능력 등 비재무적으로 해결해야 할 부분도 많다. 마치 IQ(지능지수) 이외에 EQ(감성지수)가 중요하듯이 100세 시대 생애설계 모델에서는 재무와 비재무를 균형 있게 갖추어야 한다.

오늘 시작하는
1인 1기 실천 전략

· · ·

퇴직 후 치킨집이 아닌
학교로 가라

인생은 열심히 노력하는 것보다 어느 방향으로 가느냐가
더 중요하다. 길을 한번 잘못 들면 다시 그만큼을 돌아와야
한다. 퇴직하면 정신이 없다 보니 허둥지둥하기 십상이다.
현직에서 물러나신 분이 잠시 다른 기관을 방문했더니 문
앞에서 "어디서 오셨습니까?"라고 물어보기에 갑자기 멍해
지면서 어찌 대답할지를 몰라 엉겁결에 "집에서 왔습니다"
라고 했다고 한다. 퇴직하고 집에서 2, 3개월 쉴 때는 더없
이 좋고 식구들도 잘해주지만 그 기간이 지나면 아내는 불

안해하고 본인도 위기감을 느끼기 시작한다. 그래서 무언가 해봐야겠다고 생각하며 안절부절못한다.

허둥지둥하면 악수를 둔다. 외환위기 때 다니던 직장이 폐쇄되면서 필자도 졸지에 실업급여를 받아봤다. 그때 소장 님이 우리를 불러놓고 했던 이야기가 외환위기 이후 필자가 직장에 안착하는 데 큰 도움이 되었다. 말씀인즉, 극장처럼 출입구가 하나 있고 깜깜한 공간에서 불이 나면 사람들은 앞으로 튕겨나듯 내달린다고 한다. 그런데 처음 몇 명은 빠져나가겠지만 나머지 대다수는 달리다가 넘어지기도 하고 또 그 위에 사람들이 덮치게 되어 입구를 막아버린다. 따라서 이럴 때는 자세를 낮추어 일단 연기를 피한 다음 소동이 다 끝난 뒤 걸어 나가야 한다. 그러니 직장이 없어졌다고 해서 아무데나 무조건 들어가고 보자 하지 말고 찬찬히 기다렸다 움직이라는 의미였다.

퇴직자들은 퇴직할 때 받아놓은 돈도 적잖이 있기 때문에 가장 손쉽게 자기가 자신을 고용하는 방법을 생각한다. 그러나 다른 사람이 고용해주지 않아 스스로 고용하는 것이라면 경쟁력이 있을 턱이 없다. 이렇게 시작한 대표적인 자영업이 치킨집이다. 어디 가면 사장님 소리도 듣고 우쭐거릴 수 있지만 빛 좋은 개살구이다. 퇴직하면 치킨집으로 가지 말고 학교로 가자.

한국폴리텍대학Polytechnics은 평생직업을 찾는 사람들에게 집중적으로 기술교육을 하는 대표적 기관이다. 기술 중심의 실무기능 엘리트를 양성하는 국책 특수대학으로서 전국 8개 대학 34개 캠퍼스에서 다양한 교육훈련 프로그램을 운영하고 있다. 나이와 학력에 관계없이 입학할 수 있으니 퇴직 후에도 들어갈 수 있다. 폴리텍대학은 호주, 영국, 독일, 싱가포르 등 세계적으로 '종합기술전문학교'라는 뜻으로 통용된다. 과거 중앙직업훈련원, 창원기능대학 같은 교육기관들이 모두 폴리텍대학이라는 이름으로 통합된 것이다.

방송통신대학교나 사이버대학교를 활용할 수도 있다. 사이버대학교의 전공학과를 보면 뷰티미용예술학, 청소년코칭상담학, 평생교육학, 외식창업경영학, 엔터비즈니스학, 소방방재학, 스마트폰기술, 노인복지학 등 실용에 쓰일 수 있는 기술들이 많이 있다.

대학교의 평생교육원도 있다. 여기의 과정들을 보면 외식사업 마케팅전문가 과정, 상권분석 전문가 과정, 기업경영 빅데이터 분석 및 활용 과정, 바리스타 과정, 민간자격증 취득 과정 등 직접 창업과 관계된 과정들도 많다.

평생교육이 우리나라보다 훨씬 다양하게 발전된 나라들이 많다. 2013년 희망제작소에서 작성한 「해외 평생교육 사례」를 보자.[1] 영국은 예전과 달리 경제상황이 어려워지면서 인문학 중심으로 이루어진 평생교육에서 국가경쟁력 제고를 위한 기술개발 교육에 중점을 두고 있다. 가시적인 성과 위주의 교육이라고 비판을 받기도 한다. 하지만 시민단체 등 제3섹터를 중심으로 한 대안교육 등도 활발히 운영되고 있다.

독일은 모든 시민이 평생교육이라는 틀 안에서 다양한 교육혜택을 누리고 있다. 독일인들은 계속 공부한다. 전철이나 카페에서 신문과 책을 읽으며 일상적으로 도서관을 찾는다. 전국의 시민대학들에서는 연중 수많은 강의가 개설된다. 시민대학은 독일의 평생교육기관 중 가장 널리 알려진 공적 교육기관이다. 이는 경제적 장벽이나 선발 시험제도 없이 누구에게나 열려 있는 성인들을 위한 교육기관이다. 현재 940여 개의 시민대학이 운영되고 있다. 교육비의 60%는 공적지원을 받고 시민은 40%만 부담하면 된다. 가장 규모가 큰 뮌헨시민대학에는 연간 1만 4,000개의 강좌가 열린다.

미국은 커뮤니티 칼리지가 있다. 대학 갈 기회나 공부할 기회를 놓쳐버린 사람들, 혹은 애를 키우고 나서 다시 돌아온 사람들, 은퇴한 사람들 등 모든 부류의 사람들이 공부한다. 여기서 공부해서 다른 대학으로 갈 수도 있고 기술을 배울 수도 있다. 가르치는 과목들이 워낙 다양해서 백화점이라 부르기도 한다. 대개 세 가지로 나뉘는데 학문적인 것, 기술적인 것, 이 둘의 중간 정도인 것이다. 학문적인 프로그램은 4년제 종합대학에 들어가기 전 학점이수 과정으로 많이 이용한다. 기술 프로그램 중에는 도제 방식도 있어서 특정 기업과 연계하여 기술을 가르치고 과정을 이수하면 그 기업으로 취업이 가능하다. 직업 프로그램은 학위과정과 자격증과정으로 나뉜다. 그 외 취미나 생활에 관계된 다양한 강좌도 열려 있다. 그야말로 평생학습이 열려 있는 곳이다.

우리나라도 평생교육기관의 수가 많아지고 내용도 다양해질 것이다. 서두르지 말고 우선 재충전을 해보자.

혼자 배우지 말고
코칭을 받아라

바둑의 격언에 '반외팔목盤外八目'이란 말이 있다. '바둑판 밖에서 보면 8집이 유리하다'는 말이다. 자기가 둘 수에만 몰입하다 보면 자신의 생각틀을 깨지 못해 다른 수를 못 보게 되는데, 이 경우 오히려 관전하는 사람의 훈수가 더 정확할 때가 많다. 지하철을 타고 가다가 옆자리 사람이 보는 신문을 흘끗 보는데 의외로 눈에 더 잘 들어오는 경험을 해봤을 것이다. 인생에서도 비슷한 일이 종종 생긴다. 자기 일이니까 중요하게 생각해서 판단도 가장 잘 내릴 것 같지만 아이러니하게도 인생은 그렇지 않다. 객관적인 시선으로 봐줄 사람이 필요하다. 그 분야에 대한 정보가 많고, 전문 지식을 가지고 있으며, 코칭 경험까지 많다면 반외팔목이 아니라 반상의 흐름을 구상하는 데 도움이 될 수 있다.

코칭이란 누군가를 현재 위치에서 그 사람이 원하는 곳으로 옮겨주는 과정을 말하는데, 스포츠 분야에 도입된 활동이 이제는 인재개발 현장에도 적용되고 있다. 이 코칭을 한 판의 경기라고 생각해볼 수 있다. 나는 선수이고, 코칭을 해주는 사람이 있다. 나와 코치가 서로 의견을 나누고 또 격려한다. 나에게 필요한 코칭은 무엇인가? 우선 코칭의 특징이 무엇인지 알아보자.

첫째, 코칭을 받으려면 구체적인 목표가 있어야 한다. 코칭은 정서적인 고통의 문제를 다루는 상담과는 다르다. 상담은 현재의 문제를 해결하기 위해 조언을 받으러 오는 경우이다. 반면에 코칭은 인생 전반의 발전이나 목표에 관해 조언을 한다.

둘째, 코칭은 해결책을 스스로 찾아가게 해준다. 컨설팅은 어떤 문제를 조사하고 해결책까지 제시한다. 반면 코칭은 코칭을 받는 자에게 정보나 조언을 주로 전달한다. 구체적인 목표를 설정하는 것이 아니기 때문에 구체적인 해결책을 주는 것이 아니다.

셋째, 코칭은 쌍방 의사소통이 중요하다. 코칭은 의사소통 기술로 경청과 질문을 하고 문제를 계속 명확하게 규정해나간다. 일방의 정보 전달이나 가르침이 아니라 코칭을 받는 자의 내부 역량을 잘 활용하게 한다. 그래서 코칭은 스포츠에서 단순히 기술을 주입식으로 교육하는 것보다 선수 내면의 역량에 의식을 집중하게 하는 게 효율적이라는 발견에서 시작된 것이다.

넷째, 코칭은 연속적인 과정이다. 어떤 구체적인 목표를 설정했으면 이 목표의 단계로 코칭을 받는 자를 옮겨가는 전체적인 과정이다. 그래서 계속 관계를 갖고 의사소통을 해가는 것이다.

코칭을 받을 때 특히 남자들은 특유의 아집 때문에 남에게 잘 배우려 하지 않는다. 길을 몰라도 사람들에게 물어보지 않는다. 골프도 그렇다. 여자는 거의 반평생을 코치에게 배우지만 남자는 처음에 한 번 배우고 나서 그다음부터는 책이나 방송을 보면서 혼자 배운다. 골프 스윙에서 나름대로의 원칙과 철학을 만들어가는 것이다. 하지만 프로골프 선수들은 항상 코치를 두고 쉬는 기간에 스윙을 교정한다. 아마추어는 잘 배우려 하지 않지만 프로는 끊임없이 배우고 교정한다. 아마추어는 코치에게 배운 것으로 즐기려 하는 반면에 프로는 최고가 되기 위해 자신을 발전시켜나간다. 노후의 기술은 프로 수준이어야 한다. 전문가 경지에서 바둑 8집이면 승패가 결정난다. 인생에서 인연을 만들어야 기회도 만들어진다. 코칭을 통해서 배우자.

모바일 활용법을 배워라

경쟁력을 갖추려면 모바일을 잘 활용해야 한다. 그래서 빨리 익힐수록 좋다. 경제발전론 중에 고속도로 이론turnpike theorem이라는 것이 있다. 여기서 후진국은 일종의 지방도로나 비포장도로를 달리고 있는 상황에 비유된다. 이럴 때 지방도로를 오래 달리는 것보다 돈이 좀 들더라도 고속도로로 이동하면 훨씬 빠른 속도로 발전할 수 있다는 이론이다. 돈이 없다고 천천히 단계를 밟아가며 할 게 아니라 돈과 자본을 차입하더라도 대규모 투자를 통해서 성장의 궤도를 하루 빨리 올려놓아야 한다는 것이다. 배움도 마찬가지다. 일찍 익혀놓는 것이 효율적이다.

오늘날 모바일의 중요성을 부정하는 사람은 없다. 그러나 아직 충분히 활용할 줄 아는 사람은 많지 않다. 손에 보물지도를 가지고 있으면서 해독을 못하는 격이다. 모바일 지식은 노후의 경계를 확장해준다. 그것도 어마어마하게, 우리가 상상하지 못할 정도로 확장해주기도 한다. 가수 싸이의 〈강남스타일〉은 유튜브 조회수가 2016년 1월 현재 25억 회에 육박한다. 여러 번 본 사람도 있겠지만 이를 감안하지 않고 생각해보자. 싸이가 1,000명의 관중 앞에서 공연을 한다고 하면 250만 번을 해야 25억 명이 본다. 3일에 한 번 공연하는 강행군을 한다고 하더라도 약 2만 830년이 걸린다. 단군 할아버지 때부터 공연을 했어도 4,340년에 불과하다. 인류 최초의 도시 수메르 지역의 우르크가 5,500년 전에 세워졌으니 그때부터 춤을 췄어도 25억 명의 25%밖에 못 보여준다. 이것이 네트워크의 힘이며 모바일의 힘이다.

오늘날 인기 있는 가수와 배우, 운동선수들은 대개 모바일의 도움을 톡톡히 보고 있다. 200여 년 전 파가니니 같은 당대의 유명 바이올리니스트에게 연주여행은 어지간히 피곤한 일이었을 것이다. 그렇게 다녀봐야 얼마나 공연을 하겠는가. 수십 년 전 우리나라 가수들도 전국 순회공연을 다녔지만 그렇게 막대한 돈을 벌지는 못했다. 그러나 요즘은 노래 한 번 불러서 유튜브에 올려놓으면 백만 명이 넘게 본다. 운동선수도 그 경기를 보는 사람들이 많아지니 그만큼 연봉을 많이 받는다. 과학기술이 가치를 높여준 셈이다. 과학기술은 평등한 기회를 주기 때문에 우리도 누릴 권리가 있다. 가수 싸이나 축구선수 메시 같은 우리와 차원이 다른 사람들에게만 해당되는 이야기가 아니다.

'덕후'는 일본말 '오타쿠'에서 따온 말인데 어디 한군데 몰두해서 대단한 전문성을 가지고 있으나 사회성은 좀 부족하여 집에 콕 박혀 있는 사람을 말한다. '밀덕'은 밀리터리military 덕후의 줄임말로 무기나 전쟁사, 전략 등에 전문가 뺨치는 수준의 지식을 가진 사람을 말한다. 어릴 때부터 익혀온 바라 그 지식의 경계는 실로 놀랍다. 이런 사람들은 TV토론이나 신문기사 등을 보고 바로 그 자리에서 잘못된 점을 상세하게 지적해낸다.

오늘날 이런 덕후들이 모바일에 힘입어 돈을 벌고 있다.

사이트에 글을 올리면 이를 보려는 팔로워follower들이 찾아오고 이것이 곧 돈이 된다. 셀프 인테리어 전문 온라인 카페인 레몬테라스는 2005년만 해도 회원이 1만 명 정도였는데 지금은 300만 명에 육박한다. 호주에 사는 아홉 살 켈리는 유튜브에 요리 동영상을 올려 1년에 10억 원 정도를 번다. 우샤오보吳曉波는 중국의 경제 칼럼니스트로 우리 나이로 49세다. 그에게는 100만 명의 팔로우가 있는데, 위챗 계정에 술을 올려 단번에 5,000병을 판 적도 있다. 그뿐 아니라 우샤오보는 개인 미디어에 투자하는 스장쟈 뉴미디어펀드를 설립해서 9개의 유망한 위챗 계정에 투자를 했다. 중국의 잘나가는 덕후들의 1인 미디어인 '10시의 독서', '식당 사장님의 비밀장부', '주류업자', 'B동 12층', '12기통차', '영혼이 향기로운 여자' 같은 것들이 투자대상이다.[2]

이제 모바일은 노후에 필수다. 뿐만 아니라 모바일을 통한 네트워크는 이자처럼 복리 효과가 있어서 하루라도 빨리 시작하는 게 좋다. 늦게 출발하면 먼저 출발한 사람을 영원히 따라잡지 못할 수도 있다. 새로이 뚫린 고속도로로 빨리 진입하자.

사업 마인드를
가져라

첫 번째 이야기. 아내는 건강식품에 관심이 많을뿐더러 많이 알고 있기도 하다. 수학교육 대신 차라리 식품영양학을 공부했으면 훨씬 적성에 잘 맞았을 것이라는 얘기를 가끔 한다. 내가 봐도 여러 다양한 정보와 지식을 가지고 있으며 나름 판단 기준도 있다. 원래 이 분야에 관심이 있기도 했지만 아이가 어릴 때 아토피로 고생할 때 사투를 벌이면서 쌓아온 실전 지식들이다. 그래서 블로그를 만들어 그 지식을 공유하면 어떻겠냐고 권유해봤지만 장사는 안 한다고 딱 잘라 말한다. 졸지에 돈을 벌라고 아내를 사지로 몬 남편이 되어버렸다.

　두 번째 이야기. 연남동이나 삼청동에 가보면 좌판에 액세서리를 내놓고 파는 사람들이 많다. 파는 물건이 그렇게 많지도 않고 좌판이 크지도 않다. 몇 번 만들어 친구들에게 선물했더니 모두 너무 예쁘다며 팔아도 되겠다고 해서 과감하게 마음을 먹은 것이다. 처음 몇 번 팔다가 이제는 블로그를 개설하고 홈페이지를 만들어 온라인 주문을 받기까지 한다. 다른 사람들에게 팔려고 만들다 보니 더욱 치열하게 프로페셔널 정신으로 임하는 것 같다. 우선은 집에서 작업하지만 점차 집이 재료들로 가득차면서 작업장을 하나 만들어야겠다는 생각을 해본다. 어영부영하다 보니 사장님 소리를 듣게 되었다.

　세 번째 이야기. 직장동료의 아내는 평소에 요리에 관심이 많다. 관심의 정도를 넘어서 잘 만든다. 남편 동료들에게 쿠키를 구워주기도 하고 이웃에게도 직접 만든 쿠키를 돌린다. 다들 맛있다고 하니 자신감이 생겨 블로그와 카페를 만들어 요리에 관한 정보와 사진을 올려놓고 요리 재료나 기구에 대해서도 본인의 관심사를 올려놓았다. 쿠키를 팔아

돈을 번다는 것이 당장은 쉽지 않지만 요리를 가르치면 어떨까 하는 생각을 했다. 의외로 수강자가 있었다. 이들에게 요리도 가르치고 요리기구도 소개해주었다. 이제 점차 알려지고 있다. 레몬테라스처럼 되면 얼마나 좋겠냐는 생각도 해보지만 워낙 요리의 달인들이 많아 쉽지 않다. 그래도 한 단계씩 탑이 쌓여가는 느낌이 들어 꿈을 갖고 일하고 있다. 여건이 되면 일본에 가서 공부도 한번 해볼 생각이다.

세상을 바꾼 사람들이나 사업으로 돈을 많이 번 사람들 모두가 애초부터 거대 담론이나 목적을 가졌던 것은 아니다. 고 정주영 회장도 엄청난 대기업으로 성장할 것을 머릿속에 그리고 사업을 시작하지는 않았다. 부흥상회라는 쌀가게에 점원으로 들어가 주인의 인정을 받아 가게를 물려받은 것이 출발점이었다. 스티브 잡스는 차고에서 엉성한 애플 컴퓨터를 만들어서 근처 컴퓨터 가게에 판 것이 시작이었다. 『성경』에 "네 시작은 미약했으나 네 끝은 창대하리라"라는 말이 있다.[3] 사소한 것이라고 해서 아무것도 안 한 사람과 이것을 사업으로 실행에 옮긴 사람의 차이는 갈수록 커진다.

실행력도 중요한 능력이지만 이보다 더 중요한 것은 작은 아이디어라도 그것을 사업화하겠다는 생각이다.

사물이나 현상을 볼 때 사업 마인드를 가져야 한다. 이런 마음의 태도만 있다면 실행에 옮기는 일은 실행력이 좋은 사람과 같이하면 된다. 스티브 잡스의 아이디어를 초기에는 스티브 워즈니악이 거의 다 실현시켜주었다.

사업 마인드를 돈을 벌기 위한 속된 것이라고 생각할 필요가 없다. 거래란 자신의 물건이나 서비스를 시장을 통해 시장에서 결정되는 가격으로 교환하는 것일 뿐이다. 외국에서는 아이들이 집앞에 자기 물건을 내놓고 파는 것을 종종 볼 수 있다. 거래와 교환은 인류가 일찍부터 해온 자연스런 행위이다. 인류는 아주 오래 전 물고기를 많이 잡은 사람과 곡물을 많이 수확한 사람이 만나 물고기와 곡물을 교환했다. 서로 마음에 들어야 물건 교환이 이루어지는데 두 사람의 욕망이 일치될 가능성이 높지 않다 보니, 사람들은 공통 교환 물건을 고안해냈고 이것이 바로 돈이다. 사업이나 거래도 이런 것이라 보면 된다. 사업 마인드를 실행에 옮기면 자신의 사업이 된다. 그리고 남들이 잘하지 않는 작은 부분을 파고 들어가 개선해서 부가가치를 내면 새로운 직업을 창조하는 '창직'이 된다. 어렵게 생각하지 말자.

당신의 단팥빵을 만들어보세요.

영화 〈앙: 단팥 인생 이야기〉는 50년간 팥소를 만든 한센병 환자 도쿠에 할머니와 우발적 폭력 때문에 감옥에 갔다 온 일본 전통 단팥빵 도라야끼 가게 주인 센타로를 중심으로 펼쳐지는 이야기다.

도쿠에 할머니가 팥소를 만들면서부터 맛있다고 소문이 나자 가게가 갑자기 잘되게 된다. 센타로는 너무 무리하게 일하다 하루 쉬게 되고 대신 도쿠에 할머니가 도라야끼를 만들어 팔게 된다. 센타로는 다음 날 도쿠에 할머니가 직접 손님들에게 단팥빵을 판 사실을 알고 도쿠에 할머니에게 이제 손님을 접대하는 일도 맡으라고 한다. 도쿠에 할머니는 그날부터 학생들과 이야기도 나누면서 즐겁게 산다.

어느 날 할머니의 손이 이상한 것을 본 여학생이 도서관에서 찾아보니 한센병이라는 것을 알게 된다. 엄마에게만 이 사실을 말했는데 동네에 모두 퍼져버려 가게에는 손님이 한 명도 오지 않게 된다.

도쿠에 할머니가 그만둔 한산한 가게를 다시 운영하는 센타로에게 어느 날 편지가 도착한다. 도쿠에 할머니가 센타로에게 자신의 단팥빵을 만들어보라며 편지를 부친 것이다. 센타로는 할머니가 한센병이라고 엄마에게 말했던 그 여학생과 한센병 마

을에 있는 할머니를 찾아간다. 도쿠에 할머니는 단팥에 소금을
조금 넣어서 새로운 단팥빵을 만들어보라고 한다. 소금 단팥빵
을 시도하다가 도쿠에 할머니를 다시 찾아가게 되었는데 도쿠
에 할머니는 센타로에게 자신의 이름 도쿠에德江가 새겨진 요
리도구들을 받아줄 것을 유언으로 남기고 세상을 떠난 후였다.
할머니가 좋아한 왕벚꽃이 화창하게 피어 가족들이 야외로 나
들이를 나온 어느 날, 센타로는 조그마한 리어카 하나에 팥을
담고 도라야끼를 만든다. 세 들어 살던 가게에서 나와 자신의
단팥빵을 만들기 시작한 것이다. 자신의 세계에 갇혀 지내던
센타로는 공원에서 크게 외친다. "단팥빵 사세요!"라고.
이 영화는 주변의 편견 때문에 세상과 소통하지 않고 지내던
두 사람, 도쿠에 할머니와 센타로에 초점을 맞추고 있다. 젊어
서 한센병이 걸린 할머니는 50년 동안 팥소를 만들면서 팥과
대화를 하고 바람과 자연이 하는 말을 듣는 법을 배워나갔다.
폭력사건으로 감옥에 갔다 나와서 자신의 세계에 갇혀 있던 센
타로도 그 세계를 뚫고 나와서 자신의 단팥빵을 만들고 이를
사람들에게 사보라고 소리친다. 이 영화에서 단팥빵을 만드는
것은 밥벌이의 수단이기도 하지만 소외된 자신의 세계를 극복
하는 방법이기도 하다.

장인정신을
가져라

"악마는 디테일에 있다The devil is in the details"라는 말이 있다. 독일의 유명 건축가 루트비히 미스 반 데어 로에Ludwig Mies van der Rohe의 부고에 《뉴욕 타임스》가 "신은 디테일에 있다"라고 쓴 것에서 유래되었다고 한다.[4] 잘 만들어놓고 사소한 부분을 놓쳐서 실패한 경우가 바로 디테일에 악마가 있는 셈이다. 그와 달리 장인의 솜씨를 보면 그저 그런가, 평범한가 하는 생각을 하다가 디테일 부분에서 반하게 된다.

국립대만박물관에 가보면 〈상아투화운룡문투구〉라는 작

품이 있다. 상아로 공을 만든 것인데 공 안에 공이 있고, 그 공 안에 또 공이 있고 그렇게 공이 무려 17개나 된다. 그런데 가장 바깥 상아 공의 크기는 불과 직경 11cm밖에 되지 않는다. 이 공들은 각각 모두 회전하며, 상아 공에 뚫려 있는 구멍들을 17개 모두 일치시킬 수도 있다. 이 공을 청나라 때 어느 장인가문이 3대에 걸쳐 완성했다고 한다. 한편 이탈리아에는 유명한 성당들이 많은데 기억은 잘 나지 않지만 한 성당은 문짝 하나를 만드는 데 50년이 걸렸고 다른 문짝을 마저 만드는 데 또 50년이 걸렸다고 한다. 이탈리아 밀라노에 있는 두오모 성당은 완성하는 데 504년이 걸렸다.

우리나라 장인들의 섬세함은 훨씬 깊이 들어간다. 드러내 놓지 않기 때문에 한 번 더 생각해보지 않으면 그 디테일을 못 본다. 나라의 크기가 다르다 보니 중국이 만든 청자가 훨씬 많지만 그 아름다움은 고려의 청자에 비길 바가 못 된다고 한다. 유홍준은 자금성이 규모 면에서는 경복궁을 압도하지만 인왕산과 북악산을 끼고 건설된 궁궐의 스케일과 차경借景의 구성 등을 보면 그 아름다움이 자금성을 넘어선다고 말한다.[5]

오늘날 대량생산 체제로 인해 장인정신은 찾아보기 어렵게 됐다. 과거에는 예술과 산업의 영역 구분이 뚜렷하지 않아 작품을 만드는 예술이든 일상에서 사용할 물건을 만드는 산업이든 장인정신이 살아 있었다. 지금 산업 영역에서 장인정신을 찾아볼 수 있는 곳이라고는 소공인밖에 없다. 『소공인』이라는 책을 보면 봉제, 구두, 양복, 가방, 패턴, 전통공예 등 장인 9명의 평균 경력이 42년이다. 경력이 55년 되는 구두명인 유홍식 씨가 만든 수제화는 수십만 원에서 수백만 원을 호가한다.[6]

　　현대사회에서 과거의 장인처럼 되기는 어렵지만 장인정신을 배울 수는 있다. 추사 김정희는 글을 쓰느라 일흔 평생에 벼루 10개를 밑창 냈고 붓 1,000자루를 몽당붓으로 만들었다고 한다. 괴기하게 보이는 독창적인 필체는 이러한 노력에서 비롯되었다. 유홍준은 다음과 같이 말한다. "모든 사람이 장인이 될 수는 없다. 하지만 장인정신은 가질 수 있다. 무엇이든 끝까지 하려는 자세와 노력은 누구든지 가질 수 있다. 모든 것에 최선의 노력을 기울여야 한다. 장인정신은 결국 '노력'이라는 결론으로 도출된다."[7]

핵심에
집중하라

영국의 기업가이자 경제학자 리카도D. Ricardo는 1817년
비교우위에 관한 논문을 발표했다. 두 국가가 두 종류의 상
품을 생산한다고 할 때 각 국가는 비교우위에 있는 상품을
하나씩만 생산한 뒤 이를 서로 교환하는 게 이롭다는 것이
요지였다. 두 제품에서 절대적으로 우위가 있지 않고 비교
우위만 있어도 된다. 예를 들면 A라는 사장은 회사 경영은
물론 스포츠카를 몰 정도로 운전도 잘한다. 반면에 그의 기
사는 회사 경영도 모르고 운전도 A보다는 못한다. 그럼 A

는 둘 다 잘하니, 다시 말해 둘 다 절대우위가 있으니 회사 경영과 운전 모두 자기가 해야 할까? 비교우위 측면에서 보면 A는 회사 경영이, 그의 기사는 운전이 우위에 있다. 이럴 경우 A는 회사 경영에 전념하고 그의 기사는 운전에 전념해서 둘이 재화나 서비스를 교환하는 게 효율적이라는 얘기다.

한편 마이클 포터M. Porter와 같은 경영학자는 경제활동이 점점 분산되고 핵심사업을 제대로 정의하기 어려워질수록 회사의 수익이 감소한다고 보았다. 이를 연구한 학자들은 지속적인 가치를 창출하는 회사들은 대부분 한 개 혹은 많아야 두 개의 강력한 핵심사업을 보유하고 있다고 보았다. '스타우트'라는 흑맥주로 유명한 영국의 기네스 그룹이 있다. 2차 세계대전 후에 기네스는 사업 다각화에 착수하여 250개가 넘은 신규사업에 진출했다가 성장이 멈추었다. 결국 다시 150여 개의 사업을 매각했고 여기서 생긴 자금을 맥주사업에 투자했다. 그 후 8년간 기네스의 주가는 거의 1만 배 가까이 상승했다.

『핵심에 집중하라Profit from the Core』는 성공한 기업들에 대해 몇 가지 중요한 사실들을 제시하고 있다. 기업뿐 아니라 개인에게도 통용될 수 있으므로 잠시 살펴보자.[8]

첫째, 현재 성과가 좋은 사업단위일수록 자신의 잠재력을 완전히 발휘하지 않고 있을 가능성이 크다. 따라서 성과가 낮은 사업을 일으키려 하기보다 잘되고 있는 사업의 잠재력을 더 발현시키라고 한다. 이 책은 그동안 핵심사업의 잠재력이 10분의 1 수준으로 과소평가되어왔다고 본다.

둘째, 핵심사업이 강력할수록 다른 인접 영역의 사업으로 확장할 가능성이 큰데 이는 사업의 초점을 잃게 될 가능성도 증대시킨다. 하나가 잘되면 다른 사업을 하고 싶은 유혹을 느끼는데 이는 위험의 시초라는 뜻이다.

셋째, 사업의 범위를 좁혀 여기에 집중적으로 재투자를 해야 한다. 돈을 벌면 다른 데 한눈팔지 말고 자신의 핵심 역량 강화에 계속 투자해야 한다.

넷째, 고객도 핵심 고객에 집중해야 한다. 보다 좁게 정의된 고객의 충성도를 높이는 것이 충성도 없이 고객의 범위를 넓히는 것보다 경제적으로 훨씬 많은 가치를 창출할 수 있다.

마지막으로, 집중에서 성장이 나오고 범위를 좁히면 오히려 확장된다.

핵심사업이 되기 위해서는 경쟁우위가 있는 기술이나 제

4장 오늘부터 시작하는 1인 1기 실천 전략

품을 가지고 있고, 이 제품에 대한 확고한 고객 기반을 보유하며, 지배적인 유통망을 가지고 있어야 한다. 자신의 기술이나 제품에서 경쟁력이 있는 핵심에 집중하고, 이 기술을 발전시키기 위해 끊임없이 재투자해야 한다. 자신의 제품에 열광하는 충성고객을 확보해야 하며 이렇게 구축된 생태계의 잠재력을 충분히 활용하여 성장해야 한다.

작은 것을
차별화하라

창업 또는 사업이라고 하면 거창하게 생각하는 사람들이 많다. 일을 너무 거창하게 계획하면 시작조차 못 한다. 학생들이 박사학위 논문을 쓸 때 처음에는 뭔가 독창적이고 대단한 것을 써보려고 어마어마한 주제를 잡고자 한다. 이래서는 평생 그것과 관련한 공부만 하다가 인생이 끝나버린다. 어마어마한 주제를 독창적으로 쓰는 건 거의 불가능하기 때문이다.

미국의 스탠포드 경영대학원에 입학하는 학생들은 들어

올 때부터 무엇을 해야겠다는 생각을 가지고 들어오는 경우가 많다고 한다. 그냥 경영학을 한번 배워볼까 하는 게 아니라 내가 무엇을 하고 싶은데 학교에 가서 그것과 관련한 공부를 해보자는 식이다. 그래서 그들은 목적을 달성하면 졸업하기 전이라도 학교를 중퇴하고 떠나버린다. 로스앤젤레스에서 성 관련 사업을 해보려고 경영대학원 과정에 들어왔다는 사람도 있다.

네트워크 사회에서는 독특함이 필요하다. 그런데 그 독특함을 거창한 데서 찾기는 거의 불가능하다. 오히려 작은 것들을 차별화하는 데서 자신의 독특함이 만들어진다. 어느 택시기사는 사소한 것들을 통해 자신의 택시를 다른 택시들과 차별화한다. 택시 안에 좋은 카펫을 깔고 향기로운 향수들을 고객의 취향에 맞춰 뿌린다. 좌석도 고급으로 만들어서 안락하게 한다고 한다. 그리고 다년간 경험을 하다 보니 승객들의 취향을 대략 알 수 있어서 거기에 맞게 음악도 튼다고 한다. 이런 투자를 왜 하느냐고 물어보고 싶을 것이다. 한 번 타면 그만일 뿐 단골이 있는 것도 아닌데 굳이 이렇게 해야 하느냐고 말이다. 그렇지 않다. 고객들은 일부러 회사로 전화를 걸어 그 택시를 찾는다고 한다. 단골이 생긴 것이다. 실제로 일본의 MK택시는 인사 잘하기 운동만으로 1995년 미국의 시사주간지 《타임》이 선정한 세계 제일의 서비스 기업으로 선정됐다.[9] 택시기사가 고객에게 인사하는 것이 지금은 당연한 일로 생각할 수도 있지만 1976년도에는 신선한 차별화 전략이었다.

차별화는 세 가지 측면에서 중요하다. 나 자신과 내가 가진 기술을 차별화하여 경쟁력을 갖추려면 이 점들을 염두에 두면 좋을 것이다.

첫째, 우리 사회가 선진화되면서 소비자들의 수요가 다양해지고 있다. 다양해진다는 것은 공급자가 차별화된 다양한 제품과 서비스를 만들면 새로운 수요처가 만들어질 수 있다는 의미다. 외국영화를 보면 샌드위치를 하나 주문하는 데도 고기는 많이 구워달라, 양상추를 많이 달라, 머스터드는 빼달라는 주문을 한다. 한 명이 아니라 테이블에 앉은 열 명이 각자 주문을 쏟아낸다. 우리나라도 이제 낯설지 않은 풍경이다. 상사가 짜장면을 시키면 모두 짜장면을 시키던 시대와는 완전히 다르게 변했다. 수요가 다양해지면서 차별화는 가치를 가지게 된다.

둘째, 정보기술의 발전으로 소비자가 차별화된 제품을 찾아서 구매하는 과정 자체가 세밀해지고 있다. 자기 입맛에 맞는 음식을 먹으려면 인터넷 검색으로 찾아서 배달앱을 통해 주문해서 먹으면 된다. 택시를 탈 때는 고객들이 평가해놓은 평점을 참조하거나 댓글을 보고 선택하면 된다. 영화는 이미 관람객 평가, 인터넷 평가, 전문가 평가로 구분되어 나오고 실제 평가 내용들도 간편히 살펴볼 수 있다. 정보전달이 쉬워지면서 평가도 전반적인 걸 넘어서 다양한 항목으로 나누어서 진행할 수 있다. 지금까지는 통칭해서 별 몇 개로 구분했지만 이제는 분위기와 거리는 별로여도 음식 맛이 아주 좋은 곳, 맛보다 분위기가 좋은 곳 등 자신의 취향에 맞게 선택할 수 있다. 종합점수가 아니라 구분점수를 시행할 수 있는 것이다. 정보를 취득하는 데 소요되는 비용이 급속도로 낮아지면서 차별화된 상품은 소비자의 눈에 잘 포착된다. 정보화사회는 그물이 촘촘해서 웬만한 것은 다 걸러진다.

셋째, 네트워크가 글로벌화되면서 작은 것 하나라도 차별화된 상품은 그 시장이 매우 클 수 있다. 100명이 사는 곳에서 차별화된 제품을 100개 만들면 제품당 한 개를 팔 수 있지만, 천만 명이 모이는 곳이라면 제품당 십만 개를 팔 수 있다. 네트워크를 통해 시장이 확대되어 있기 때문에 작은 것을 차별해도 수익성 측면에서 문제되지 않는 환경이 갖추어지고 있다.

점-선-면 전략으로
네트워크에 투자하라

대부분의 사람들은 소득 창출 활동에는 과도하게 투자하는 반면 네트워크에는 지나치게 적게 투자한다. 하지만 이제는 기술 발달로 네트워크의 확장성이 커지면서 이야기가 달라졌다. 네트워크가 세상을 지배하고 있다. 스타벅스나 아마존이 은행업을 위협하는 이유도 네트워크 때문이다.

1인 1기에 네트워크는 필수다. 기술에 네트워크를 결합하면 제갈공명이 천군만마를 얻은 것과 같다. 1인 기업이라도 기업이 갖는 인프라의 장점을 네트워크를 통해서 벌충할 수 있기 때문이다. 기업은 전문가들이 모여서 일하고 총무나 인사 등 관리 업무는 다른 부문과 협조해서 해나간다. 전문가들은 서로에게 즉각적으로 의견을 개진해서 올바른 해결을 모색해갈 수 있다. 다양한 사람들이 머리를 맞대기 때문에 새로운 아이디어를 얻을 수도 있다. 1인 1기 세계에서는 이러한 인프라가 사라진다. 하지만 이 인프라를 온라인 네트워크를 통해 값싼 비용으로 얻을 수 있다. 그뿐 아니라 회사 구성보다 훨씬 다양한 사람들과 네트워크를 연결할 수 있다.

네트워크는 느슨한 인간관계에 불과해서 그 효용성이 떨어진다고 부정적 측면을 부각하는 사람들도 있다. 그러나 오히려 이러한 관계가 더 좋을 수 있다. 감정적으로 엮이는 것보다 업무적으로 엮이는 것이 효율적일 수 있다는 것이다. 그뿐 아니라 이런 관계가 오히려 예상 외의 선물을 준다.

1973년 사회학자 마크 그라노베터M. Granovetter가 흥미로운 연구결과를 발표했다. 그는 친구, 가족, 직장동료처럼 강한 유대관계에 있는 사람들이 일자리를 찾아주기보다는 오히려 약한 유대관계에 있는 사람들이 일자리를 소개해주는 경우가 대부분이었다고 주장한다.[10] 직장을 은퇴하고 나서 그동안 막역하게 형님, 아우하며 지내던 사람들에게 거기에 일자리가 없냐고 물어보면 대부분 실망스런 답만 듣는다. 믿었던 사람들에게서 받는 무관심이기에 은퇴자의 좌절은 더욱 클 수밖에 없다. 그런데 의외로 친구의 친구나 어디서 명함만 주고받은 사람들, 모임에서 몇 번 만난 사람들이 일자리를 소개해주기도 한다. 따라서 새로운 사람을 만날 때 명함을 잘 교환하고 자신이 어떤 사람이고 뭘 하는지를 잘 알려줄 필요가 있다. 이처럼 친밀한 관계보다는 여러 사람을 두루 알고 여러 정보를 접하는 게 도움이 된다. 얕게 아는 사람들로 이루어진 거대한 네트워크를 구축하면 다양한 정보에 접할 수 있다.

린다 그랜튼은 『일의 미래』에서 다음의 세 가지 네트워크를 가질 것을 권한다.

첫 번째, 의지할 수 있고 상호적인 관계를 만들어온 사람들과의 네트워크이다. 나와 비슷한 기술을 가진 전문가 집단이다. 어떤 과제를 받았을 때 A라는 사람은 인터넷에서 스스로 자료를 검색하고 이를 분류해서 읽어본 다음 의사결정을 하고, B라는 사람은 거기에 관계된 자신만의 친밀한 전문가 네트워크를 동원해서 의견을 물어본다. B의 방식이 효율적이다. 하지만 B는 자신과 유사한 사람들만 많을 것이기 때문에 생각지 못한 아이디어나 도움을 구하기 어려울 수 있다.

두 번째, 아이디어 집단과의 네트워크로서 훨씬 광범위한 사람들로 구성되어 있다. 기존 네트워크의 외부인으로 구성되며 다양하고 숫자가 많다. 이들에게서는 의외의 융합 과정이 일어난다. 나의 아이디어를 전혀 다른 분야에 있는 사람이 자신의 분야에 적용해서 같이 사업할 것을 제안해온다. 그리고 제3자의 관점에서 나의 아이디어의 활용법에 대한 조언을 해주기 때문에 나의 근시안을 뛰어넘고 생각지 못한 부가가치를 얻을 수 있다. 이러한 네트워크에서는 생소한 분야의 강의를 듣거나 잘 알지 못하는 분야의 사람을 만나는 것, 그리고 새로운 장소에 가서 새로운 얼굴을 만나는 것이 좋다. 평소에 도움을 받는 집단이 아닌 완전히 다른 집단으로 가보는 것이 도움이 된다.

세 번째, 나에게 재충전과 활력을 줄 수 있는 네트워크다. 자신과 비슷한 꿈을 가진 사람들일 수 있다. 예를 들어 전원주택 생활을 하려는 사람들, 취미생활을 같이하는 이웃의 모임이거나 나의 학교 친구일 수도 있다. 요즘에는 혼밥(혼자 밥을 먹는 사람)이 늘고 있다는데 미국은 이미 오래전부터 홀로 볼링을 치는 사람이 많았다. 나홀로 하는 활동이 사교 모임을 밀어내고 있다. 일본의 식당을 보면 혼자 와서 밥 시켜놓고 사케를 홀짝거리는 사람이 많다. 그런데 혼자서 자신의 감정을 풍성하게 하고 재충전을 할 수 있기는 쉽지 않다. 사람들 틈에서 시끌벅적하다 보면 그 에너지를 받게 된다.

무라카미 류의 중편소설 「여행 도우미」를 보면 주인공이 어릴 적 해녀였던 외할머니를 따라 매일 머무르던 해녀들의 집에서 사람의 에너지를 얻는다. 물질을 하고 점심 먹으러 나와서 서로 왁자지껄 떠들어대는 장소에서 해녀들도 에너지를 얻고 어린 주인공인 자신도 사람들의 충만한 에너지를 느낀다고 했다. 가상네트워크가 주지 못하는 살아 있는 에너지를 줄 수 있는 네트워크도 필요하다.

네트워크를 구축하려면 자신의 전문성에 투자하는 것처럼 투자가 필요하다. 블로그, 카페, 페이스북 등 계정을 개설하고 꾸준히 관리해야 하며 가상공간에서 감성적 대화를 통해 가까워질 수 있어야 한다. 이렇게 하려면 카멜레온처럼 그 조직에 맞게 반응해야 하며 개방적이어야 한다. 사람들이 이야기하고 싶어 하고 그 사람의 이야기를 듣고 싶어 하는 사람이 되어야 한다. 좀 귀찮지만 상대방의 글에 댓글을 달아주거나 '좋아요'를 꾸준히 눌러주는 사람이 있는가 하면 냉담한 사람도 있다. 전자는 네크워크를 확장할 수 있는 사람이고 후자는 아니다.

　네트워크에 블로그, 페이스북, 트위터 등을 통해 점을 찍어놓자. 그리고 꾸준한 관심을 통해 이 점을 선으로 연결한다. 다른 관계자들과 연결되는 것이다. 다른 관계자들의 관계자들과 나와 나의 관계자들이 동시에 연결되면 면이 된다. 이러한 점-선-면 전략으로 네트워크를 완성하자. 네트워크 세상에서는 잘사는 나라에 살고 못사는 나라에 사는 것이 나의 삶을 결정하지 않는다. 인도에 있는 기술자라도 뛰어난 영어 실력과 네트워크가 있으면 세계와 연결된다. 미국에 있더라도 네트워크에 연결되어 있지 않으면 경쟁력이 떨어진다. 지금까지는 출생지가 중요한 성공 요인이었으나 향후는 타고난 재능과 동기, 노력, 개인의 능력과 이를 네트워크에 연결하는 능력이 중요해진다.

나만의 브랜드를
쌓아라

'브랜드'란 한 제품을 다른 제품과 구분시켜주는 용어, 상징, 디자인, 이름 등을 말한다. 원래 이 용어는 가축을 구분하려고 한 데서 비롯되었다. 서부영화를 보면 소 엉덩이에 쇠를 벌겋게 달궈 낙인brand을 찍는데 이 행위를 영어로는 'put a brand'라고 한다. 이처럼 브랜드란 쉽게 말해 다른 사람이나 제품, 회사와 구분되는 나만의 정체성이라고 보면 된다. 이제는 기업이나 제품에 정체성이 있듯이 1인 기업도 나만의 정체성을 가져야 한다.

다른 사람들이 나한테 어떤 낙인을 찍어줄지 상상해보자. 필자는 면접을 할 때 종종 별명을 물어보곤 한다. 별명이 있으려면 특징이 있어야 한다. 제너럴 일렉트릭GE의 회장을 지냈던 잭 웰치의 별명은 '중성자탄 잭'이었다. 중성자탄은 원자폭탄처럼 열복사선에 의하지 않고 중성자의 방사를 이용하기 때문에 건물은 그냥 투과하고 사람만 살상하는 무서운 무기다. 잭 웰치가 구조조정을 하면 건물은 그대로인데 안에 있는 사람들만 사라지기에 붙은 절묘한 별명이다. 현대그룹의 고 정주영 회장의 별명은 '왕E 회장'이었다. 불도저 같은 추진력과 통 큰 결단력, 카리스마를 상징한 듯하다. 이와 같이 별명을 얻으려면 남과 다른 무엇이 나에게 있어야 한다. 일종의 브랜드와 같다. 필자가 면접에서 별명을 물어본 이유는 학창시절 자신의 브랜드가 무엇이었는지 물어본 것이었다.

오늘날 네트워크 사회에서는 브랜드가 더욱 중요하다. 인구 100명 정도 되는 마을이라면 나를 특별히 알리지 않더라도 마을 사람들이 모두 나를 알고 있다. 누구네 강아지가 몇 마리인지도 아는 사회이기 때문이다. 하지만 광범위한 네트워크 사회, 수백만 명이 접속하는 세계에서 사람들은 나의 존재조차 알기 어렵다. 유명 연예인들이 온라인에서 옷을 파는데 언뜻 보면 쉬울 것 같다. 하지만 연예인이 아닌 내가 옷을 팔려고 한다면 온라인상의 수많은 사이트에서 알리는 것 자체가 거의 불가능하다. 그러다가 싸이의 '강남 스타일'처럼 대중적으로 한 번 알려지면 엄청난 파괴력을 발휘한다. 이처럼 네트워크와 브랜드의 결합은 수소폭탄 폭발 과정에서 핵을 융합시키는 것과 마찬가지다. 네트워크 사회에서 1인 기업을 할 때 브랜드가 전부라 해도 과언이 아니다. 그럼, 개인은 브랜드를 어떻게 쌓아가고 관리해야 할까?

정체성과 표현 방법을 생각하자

전문성, 스토리, 철학 등에 근거해서 자신의 닉네임을 만들어보자. 커피를 판다면 내가 커피를 왜 좋아하고 사람들에게 왜 팔려고 하는지를 생각해본다. 내가 커피를 좋아하게 된 스토리를 만들어도 좋다. 그리고 이런 것들을 정리해서 책으로 펴낼 수도 있다. 책은 팔아서 돈을 벌려는 게 아니라 광고하기 위해서다. 누가 자신의 시간을 할애해서 내 책을 읽어주면 그 자체가 고마운 것이다. 책을 펴내지 못한다면 혼자서 글로 정리해보는 것만으로도 좋다. 머리로 생각을 하는 것보다 글로 나타내면 생각이 정리되는 장점이 있다.

고유한 마크나 표시를 가져보자

복장이나 헤어스타일도 좋다. 의외로 효과가 좋다. 연예인 홍석천은 머리를 완전히 깎은 게 브랜드가 되었다. 지금이야 많은 사람들이 깎다 보니 그 효과가 반감되었지만 그가 방송에 처음 나왔을 때만 해도 남들이 별로 하지 않던 행동이었다. 가수 김흥국은 콧수염과 특유의 웃음소리가 브랜드다. 맥아더 스쿨의 정은상 교장은 콧수염을 기르고 항상 모자를 쓰고 다닌다.

스토리를 만들어보자

사람들은 깔끔한 명사로 정리된 문장보다 동사가 많이 들어간 이야기를 잘 기억한다. 미국에 뱅가드Vanguard라는 자산운용회사를 잘 정의해주는 것은 이 회사에 얽힌 몇 가지 스토리다. 뱅가드의 창립자이자 회장인 존 보글J. Bogle은 1987년 미국 주가가 하루 만에 20%가량 빠질 때 콜센터의 폭주하는 전화를 자신에게 직접 연결하게 한 일로 유명하다. 또 다른 스토리로, 뱅가드에는 '스위스 아미Swiss Army제도'가 있다. 스위스는 비상시에 일반 시민들이 무기를 들고 모이는 군대 조직을 갖고 있다. 뱅가드는 이를 본떠 중요한 상황이 발생하면 본사에 스위스 국기를 내걸고 임직원이 그 일에 총력을 기울인다. 뱅가드 본사에 스위스 국기가 내걸리면 외부 사람들은 그날 아무리 중요한 점심 약속을 했더라도 당연히 모두 취소되는 걸로 안다. 나는 어떤 스토리를 만들 수 있을까?

일관성과 지속성을 갖자

유행을 좇아 이리저리 변하지 말자. 사람들은 어떤 어려움이 있더라도 꾸준하게 매진하는 사람을 높이 평가한다. 자기 일에 자부심을 갖는 사람을 좋아하며, 꾸준하게 매진하면서 어려움을 극복한 스토리를 높이 산다. 나만의 브랜드도 일관성을 유지해야 한다. 유행을 좇는 것은 마치 단기투자를 하는 것과 마찬가지다. 자신은 뭔가 발 빠르게 사고 팔면서 이익을 얻는 것 같은데 실제로 몇 년 지나서 보면 별로 번 게 없다. 한편 일관된 원칙을 가지고 장기투자를 하면 바보 같은 느낌이 들 때가 있다. 다들 보유한 주식이 안좋다고 파는데 묵묵히 가지고 있는 자신이 어리석어 보이고 팔고 싶은 유혹도 많이 느낀다. 하지만 세월이 지나고 보면 이러한 행동에 대한 보상이 있다. 대부분 장기투자는 그 과정이 별로 유쾌하지는 않지만 결과는 좋다. 개인 브랜드도 유행에 따라 자주 바꾸면 기분은 좋지만 얻는 것은 없다. 그렇지 않고 자신의 길을 꾸준히 지켜나가면 그 과정은 힘들지만 결과는 좋다.

고객을 좇지 말고 자신의 핵심역량에 집중하자

고객의 다양한 성향을 좇기 위해 너무 노력하다 보면 마치 토끼몰이를 하면서 사람들의 간격을 너무 넓게 펼친 꼴이 된다. 정작 토끼는 다 빠져나간다. 한정된 자원을 자신의 핵심역량에 투자해야 한다. 이를 통해 자신의 정체성이 견고해지고 경쟁력이 높아지면 고객이 따라오게 된다. 요즘처럼 정보 전달이 빠른 사회에서는 경쟁력만 확고하면 알려진다. 주머니 안의 송곳은 언제든 삐져나오기 마련이라는 낭중지추囊中之錐란 말을 생각하자.

장기적 고객관계를 위해 정서적 연계가 필요하다

네트워크라는 온라인 활동만으로 정서적 연계를 얻기는 어렵다. 온라인과 오프라인을 적절히 결합할 필요가 있다. 온라인상에서 만난 고객들과 오프라인에서 만나는 행사들을 하면 정서적 유대관계가 강해진다. 그래서 온라인상에서 팟캐스트를 운영하는 사람들이 오프라인 공개강좌나 토론회를 연다. 정치인들도 손이 부르터가며 직접 시민들과 악수를 한다. 나만의 브랜드는 정서적으로 따뜻해야 한다.

작은 일에 최선을 다하자

브랜드는 작은 일에도 훼손되기 쉽다. "공든 탑이 무너진다"는 말은 "공든 브랜드가 무너진다"로 바꾸어도 적절할 것이다. 100개를 잘하다가 하나를 잘못하면 모든 신뢰가 무너진다. 아내는 음식점을 잘 다니다가 한두 번 실망하면 다시는 그곳에 가지 않는다. 몇 년을 즐겨 가던 떡국집이 있었는데 주인이 바뀌고 나서 떡국 국물이 변했다. 아내는 한 번 정도 더 가다가 이제는 다시 가지 않는다. 작지만 단 한 번의 잘못이 오랜 고객을 등 돌리게 만든다. 브랜드란 연예인의 인기 관리와 같다. 작은 일에도 방심하면 안 된다.

나의 브랜드를 어떻게 생각하는지 파악하자

나 자신이 나에 대해 제일 잘 알 것 같지만 정작 다른 사람은 나를 전혀 다르게 보는 경우가 많다. 회사에서는 다면 평가라는 것을 한다. 내가 동료를 평가하고 동료가 나를 서로 평가한다. 평가 결과를 보면 흥미롭게도 내가 나를 생각하는 것과 다른 사람이 나를 생각하는 것이 아주 다를 때가 많다. 회사는 직원뿐 아니라 회사 브랜드에 대해서도 정기적으로 조사하고 평가하기도 한다. 그래서 브랜드 정체성이 본래의 의도와 다르게 흘러가고 있지 않은지를 검증하고 브랜드 가치가 훼손되고 있지 않은지도 살펴본다. 이처럼 자신의 개인 브랜드도 평가할 수 있다. 복잡하게 생각하지 말고 주위 사람들에게 물어보거나 블로거에 올라온 글들을 보면 알 수 있다. 평가를 외면하지 말자.

일의 전장戰場을 옮겨라

30대 중반에 노후에 빵집을 하겠다는 계획을 세우고 빵집 이름까지 지어두었다. 닥터 김즈 베이커리Dr. Kim's Bakery, 간단히 말해 김박사 빵집이다. 이 이름을 붙이기 위해서라도 박사 학위를 반드시 따야겠다고 생각했을 정도다. 그때 나의 비전은 이랬다. 동네 사람들이 아침이면 줄을 서 내가 만든 빵을 사고 또 그 빵을 맛있게 먹고 나도 사람들에게 가끔 공짜로 빵을 주면서 행복을 느끼겠다는 것이었다. 사람들이 빵집에 와서 이런저런 얘기도 하다 가고, 새벽마다 밀가루를 반죽하다 보면 아마 팔뚝이 뽀빠이처럼 될 거라는 생각도 했다. 그런데 나는 아무거나 잘 먹다 보니 맛있는 것을 만들 줄 모른다는 치명적인 약점이 있었다. 그리고 빵 하나 만드는 데도 외워야 할 게 너무 많았다. 무엇 하나 쉬운 게 없다.

노후에 기술을 익혀 새로운 일을 개척한다는 것은 말처럼 쉽지 않다. 그렇다고 현재의 사회구조에서 직장을 오래 다니기도 힘들다. 직장을 나오면 더 힘들다. 나는 별로 달라진 게 없는데 은퇴를 했다는 이유만으로 버는 돈이 60~70% 줄어들어버린다. 여기서 끝나지 않는다. 나이가 좀 더 들면 버는 돈은 또 한 번 뚝 떨어지고, 하는 일도 단순 근로직이나 공공근로사업 정도다. 하지만 흥분하지 말고 왜 그런지를 생각해봐야 한다. 그리고 무엇을 해야 할지 차근 차근 따져보자. 차제에 노후에 우리가 해야 할 일에 대한 프 레임을 바꿀 필요가 있다.

대량생산과 분업체제를 가진 산업사회에서 근로자는 시 스템에서 나오는 순간 가치가 없어진다. 찰리 채플린이 감독 하고 주연한 영화 〈모던 타임즈Modern Times〉에서 찰리 채 플린은 컨베이어벨트에서 끊임없이 나오는 부품을 조이느라 정신이 없다. 무슨 물건이 만들어지는지도 모르고 그냥 볼 트만 조아서 보낸다. 급기야 눈에 보이는 모든 것을 조여버 리는 강박관념에 빠져 정신병원에 가게 된다. 컨베이어벨트는 포드가 자동차를 만들 때 도입했던 대량생산 시스템으로 포디즘Fordism이라 불린다. 현대사회는 자본과 시스템이 대부분의 부가가치를 만들기 때문에 자신의 전문성이 없는 사람은 자본에서 떨어져나오면 생존하기가 쉽지 않다. 컨베이어벨트 시스템 내에 있을 때는 노동이 소외되지만 정작 컨베이어 시스템 밖으로 나오면 생계가 소외된다.

조직의 가치와 나의 가치를 혼동하다 보니 자신을 과대평가하기도 한다. 어떤 사람이 현직에 있을 때는 강의 요청이 많이 들어오고 강의를 잘한다고 인기가 많아서 퇴직 후 강사를 하면 충분하겠다고 생각했다. 그런데 막상 퇴직을 하고 나니 강의 요청이 싹 사라졌다고 한다. 회사의 네트워크와 브랜드를 자신의 것으로 혼동했기 때문이다. 호가호위狐假虎威, 여우가 호랑이의 위엄을 빌린다는 말이 있다. 주된 직장에서 퇴직하면 바로 조직의 네트워크와 브랜드 가치가 떨어져나가기 때문에 자신만의 능력으로 버는 소득은 줄어들게 마련이다. 일반 관리직의 소득 하락이 큰 이유도 이 때문이다. 자신이 호랑이라고 착각하지 말아야 한다.

자기 스스로의 부가가치 능력, 즉 인적자원의 가치도 노후에는 떨어진다. 나이가 들면 세밀한 계산, 빠른 판단력과 순발력, 그리고 체력이 감소하고 집중력도 떨어진다. 바둑기사, 예술가 등도 젊어서 많은 일을 이루어낸다. 최다승을 한 천하의 조훈현도 제자인 이창호에게 지고 이창호도 나이가 들면서 이세돌이나 신예 기사에게 밀린다. 반면에 나이가 들면 종합적인 판단력은 늘어나고 사물을 단순화해서 핵심을 파악하는 능력은 좋아진다. 나이가 들면서 증가하는 인적자원의 가치도 있다. 그런데 종합적인 판단력이 필요한 자리는 소수 최고경영자에 한정되어 있기 때문에 그 자리가 많지 않다. 사회 전체적으로도 그런 자리는 많지 않아 소수의 선택된 사람을 제외하고는 나와야 한다.

이처럼 현재 사회구조에서는 직장을 오래 다니기도 힘들

고 주된 직장을 다니다 퇴직하여 제2의 직장을 구하더라도 소득 급감을 피할 수 없다. 그렇다고 이를 노후의 숙명처럼 받아들여서는 안 된다. 우리의 태도를 순응적으로 바꿀 게 아니라 우리의 사고를 바꿔야 한다. 일하는 장場을 바꿔보자. 시니어는 시니어에게 적합한 장에서 싸우면 된다. 싸움을 할 때는 장소가 중요하다. 삼국지에서 장비가 장판교에서 혼자 조조의 군사를 대응한 것은 좋은 장소를 택했기 때문이다. 조조의 100만 대군과 벌판에서 붙었다면 천하의 장비도 별 볼일 없었을 것이다. 장판교라는 좁은 다리가 있었기 때문에 건너편에서 조조의 군대가 진격하는 것을 저지할 수 있었다. 전쟁에서는 나에게 유리한 곳을 싸울 곳으로 선정해서 나의 공간으로 적을 이끌어와야 한다.

노후에는 어떤 일의 전장을 택해야 할까? 산업사회에서의 주된 일자리, 큰 조직에서의 일자리, 빠른 셈이나 세밀한 계산을 하는 곳은 노후에 경쟁력을 가지기 어렵다. 별다른 기술 없이 다시 조직에 재취업하면 단순근로직이 주로 남아 있을 따름이다. 그렇다고 노후에 많이 택하는 길인 단순소자본창업은 보기에는 그럴듯하지만 더 험한 전쟁터이다. 소품대량少品大量 생산을 하는 곳에서 다품소량多品少量 생산하는 곳으로 전장을 옮기자. 전자는 산업사회와 큰 조직을 대변하고 있고 후자는 각자의 전문성과 기술을 가지고 틈새의 작은 일을 찾아내서 하는 것이다.

　노후에 산업사회와 대량생산 체제 필드field에서 싸우는 것은 재무적, 비재무적 양 측면에서 모두 불리하다. 돈도 별로 못 벌 뿐 아니라 그렇게 행복하지도 않다. 여기에 미련을 두지 말고 시니어에게 맞는 곳으로 필드를 옮겨야 한다. 전문성과 기술로 작은 영역에서 승부하는 곳으로 가자. 창업이든, 창직이든, 재취업이든, 사회봉사활동이든 좋다. 혈혈단신으로 새로운 세상에 들어가는 게 쉽지는 않다. 하지만, 백척간두 진일보百尺竿頭 進一步라는 말처럼 한 걸음 내딛으면 거기 새로운 세상이 있다. 용기를 내고 하나씩 차근히 길을 만들어가야 한다. 이 필드는 생각보다 따뜻하고 정이 넘치며 인간적인 곳이다. 이윤만이 지배하지 않고 창조의 가치가 꿈틀대는 곳이다. 노후에 중요성이 커지는 비재무적인 영역을 해결할 수 있는 장소이기도 하다.

『성경』의 「마태복음」 13장에는 "천국은 마치 밭에 감추인 보화와 같으니 사람이 이를 발견한 후 숨겨두고 기뻐하며 돌아가서 자기의 소유를 다 팔아 밭을 사느니라"라는 비유가 있다. 밭에 감추인 보화는 평범한 일상에 생각지도 않은 보물이 있다는 것으로 해석해볼 수 있다. 평범한 1인 1기 속에 노후를 행복하게 해줄 보화가 있다.

"일의 전장戰場을 옮기자."

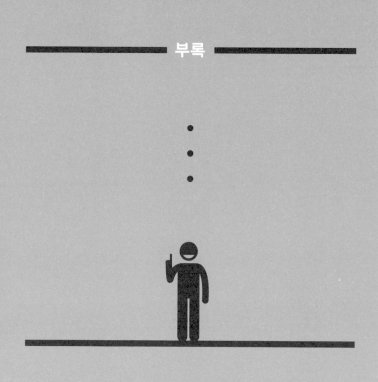

나에게 맞는 기술을
어디서 배울 수 있을까?

보통 은퇴자 대상 교육이나 컨설팅 기관들은 은퇴자를 위한 기술교육과 창업지원, 재취업을 같이하는 경우가 많다. 그래서 기술을 배우는 곳을 따로 구분해보기가 쉽지는 않지만 그중에서도 기술이나 전문성을 주로 가르치는 곳이 있다.

각 기술 직능별로 협회 등에서 가르치기도 하지만 여기서는 공공기관에서 지원을 받으며 배울 수 있는 것 중 몇 가지를 살펴본다.

고용노동부 HRD-Net

고용노동부가 운용하는 직업능력지식 포털 HRD-Net에서 직업에 관한 전반적인 내용과 네트워크를 찾아볼 수 있다. '정부지원 훈련' 안내에 들어가면 고용노동부가 하는 훈련과 타 정부기관에서 시행하는 훈련 내용이 일목요연하게 정리되어 있다. 각 부처마다 훈련의 특징도 있으니 꼼꼼히 살펴보면 도움이 많이 된다.

고용노동부가 실시하며 중장년층이 이용할 수 있는 프로그램은 '내일배움카드제', '근로자직업능력개발훈련', '근로자직무능력향상 지원금제도'가 있다. '내일배움카드제'는 구직자를 지원하는 내일배움카드제(실업자)가 있고 재직근로자를 지원하는 내일배움카드제(이후 근로자직업능력개발훈련으로 통합)가 있다. 일정한 금액을 지원하여 직업능력개발훈련에 참여하게 하는 제도로 실업자와 재직자 모두 이용할 수 있다. 각 제도의 대상자와 혜택은 다음과 같다.

'내일배움카드제(실업자)'는 전직 실업자(고용보험가입 이력이 있는 자)와 이전에 직장이 없이 실업상태가 된 사람(고용보험가입 이력이 없는 자) 모두 대상이다. 유효기간 1년에 1인당 200만 원의 훈련비를 지급한다.

'내일배움카드제(재직자)'는 고용보험에 가입한 이직예정자, 무급휴직·휴업자, 기간제·파견·단시간·일용 근로자가 재직자 계좌카드를 발급받아 고용노동부장관의 인정을 받은 훈련과정을 수강하는 경우 훈련비의 일부를 지급받을 수 있는 제도다. 마찬가지로 1인당 연간 200만 원 한도에서 훈련과정에 따라 50~100%의 훈련비를 지급해준다. 다만 이 제도는 '근로자직업능력개발훈련'으로 2014년 5월 14일에 통합되어 신규발급은 불가능하다. 현재로서 재직자는 근로자직업능력개발훈련을 통해서 직업교육을 받을 수 있다.

'근로자직업능력개발훈련'은 고용보험에 가입한 기간제·파견·단시간·일용 근로자 이외에 45세 이상(대규모 기업) 근로자도 신청할 수 있다. 그 외에 무급휴직·휴업자, 우선지원대상기업 근로자, 자영업자 등이 직업능력훈련개발카드를 발급받아 소정의 과목을 수료하면 훈련금을 지원해주는 제도다. 재직자 내일배움카드제도의 대상자에 우선지원대상기업(중소기업)에 재직 중인 근로자, 대규모 기업에 재직 중인 만 45세 이상인 근로자, 고용보험 체납액이 없는 자영업자, 3년간 훈련 이력이 없는 근로자, 대규모 기업 육아휴직자까지 추가된 제도라고 할 수 있다.

한편, '근로자직무능력향상 지원금제도'는 우선지원대상 기업 근로자, 고용보험임의가입 자영업자 및 비정규직 근로자(기간제, 단시간, 파견, 일용)가 대상이다.

이러한 자격요건을 갖추면 해당하는 카드를 발급받아 여러 가지 직업교육과 기술교육들을 받을 수 있다. 교육내용은 '통합교육' 과정에 들어가면 대분류들이 나와 있고 자신의 기호에 따라 검색하여 신청할 수 있다. 대분류를 보면 사업관리, 경영/회계/사무, 금융/보험 등에서 인쇄/목재/공예와 농림어업에 이르기까지 광범위하게 있어서 자신이 배우고 싶은 기술은 대부분 있다. 과정을 듣고 싶으면 지역별, 범주별, 원하는 날짜로 검색해 들어가면 해당되는 과목들이 나온다. 한 예로, 구체적인 검색조건들을 넣지 않고 서울 지역이란 조건과 인쇄/목재/가구/공예 조건 두 가지로 검색해 보면 165개의 과정이 화면에 뜬다. 홈패션 실무과정, 화훼장식기능사 자격증 종합반, 보석감정사 실무자 양성과정, 가구제작실무, 전통목공 구직자 과정, 도자기 공예 실무 등을 볼 수 있다. 다양한 범주별로 검색해서 교육내용들을 볼 수 있고 각 교육과정 옆에 관련 정보 보기를 누르면 해당 전문 분야의 사람을 구하는 구인정보도 나와 있다.

한편, 자격증에 관한 정보는 홈페이지의 '자격정보'에 국가기술자격과 국가전문자격으로 분류되어 나와 있다. 현재 인기 있는 국가기술자격은 직업상담사 2급, 한식조리기능사, 사무자동화산업기사, 컴퓨터활용능력 1급, 제빵기능사, 미용사(일반), 지게차운전기능사, 미용사(피부), 가구제작기능사, 웹디자인기능사, 제과기능사, 전기기사, 굴삭기운전기능사, 전기기능사 등이 있다. 국가전문자격은 간호조무사, 공인중개사, 주택관리사보, 사회복지사 1급, 요양보호사, 관광통역안내사, 국내여행안내사, 직업능력개발훈련교사, 세무사, 감정평가사, 한국어교육능력검정시험, 간호사, 청소년상담사, 보육교사 등이 있다. 그 외에 공인민간자격과 연간 시험 일정에 대한 정보가 있다.

한국폴리텍대학의 기능교육과 직업훈련

한국폴리텍대학의 슬로건은 '평생기술로 평생직업을'이다. 이 책의 주장인 '1인 1기'에 잘 맞다. 폴리텍대학은 국립중앙직업훈련원, 서울정수직업훈련원, 창원기능대학 등 과거의 24개 기능대학과 19개 직업전문학교를 통합해서 2006년에 출범했다. 전국에 8개 대학(34개 캠퍼스, 신기술교육원, 남원

연수원, 다솜학교)으로 운영되고 있으며 다기능기술자(2년제) 과정, 기능사(국비직업훈련) 과정, 기능장(국비직업훈련) 과정, 학위전공심화(공학사) 과정이 있다.

산학협력단 과정에서는 재직자 교육훈련과 실업자 교육 훈련이 있고, 재직자 교육훈련에는 핵심직무능력향상훈련 등이 있다. 그리고 '취약계층 훈련'에는 청년실업자, 베이비 부머, 경력단절여성 등이 교육훈련대상이며 교육기간은 연 중 160시간 이상이고 교육훈련비는 무료이다. 은퇴자들은 '취약계층 훈련'에도 관심을 가질 필요가 있다. 이 과정에서 시행하는 베이비부머 훈련과정을 보면 2013년에 1,007명이 수강했고 2014년에는 1,300명을 목표로 했으나 1,398명으 로 초과 달성했을 정도로 인기가 많아지고 있다. 경력단절 여성 훈련은 2013년 646명이었는데 2014년에는 1,050명으 로 대폭 증가했다.

한국폴리텍대학은 캠퍼스만도 34개가 있을 정도이며 각 캠퍼스마다 펼치는 교육과정들이 다양하다. 따라서 한국폴 리텍대학의 홈페이지에서 정보를 구하지만 말고 자신이 속 한 지역과 가까운 대학에서 어떤 프로그램을 운영하는지 자세하게 살펴보아야 한다. 혹은 자신의 지역과 조금 떨어

1인 1기

져 있더라도 본인에게 꼭 필요한 과정이 있으면 가서 배울 수도 있으므로 꼼꼼히 확인할 필요가 있다.

한국폴리텍대학의 서울강서캠퍼스를 예로 들어보자. 45세 이상의 '베이비부머를 위한 교육과정'을 2014년에 열었다. 생애설계 교육과 경력관리에 대한 상담, 직업능력 개발로 취업과 창업을 지원하는 과정인데, 모집과정을 보면 공조냉동 기계실무(야간)과 건축목공 실무(야간)가 있다. 3개월 280시간 과정으로 1일 4시간 주 5일 교육을 한다. 건축목공 실무는 각종 건축물의 도면 이해와 목재가공용 공구와 기계장비를 활용하여 구조물 제작, 시공 및 실내장식을 할 수 있는 기술 습득을 목표로 하고 있다. 지원자격은 만 45~62세이며 퇴직자, 전직예정자, 또는 영세업자이다. 전액 국비 무료교육으로 간식을 제공하며 교육훈련수당을 20만 원 지급하고 교통비도 5만 원을 지급한다.

기술을 익힌 사람의 취업률은 높다. 한국폴리텍대학의 평균 취업률은 2014년 현재 교육부 정보 공시 취업률 85.8%에 이른다. 최고 취업률은 바이오캠퍼스로 92.7%를 기록하고 있다.

심상민(60세) 씨는 보일러관리자로 근무처인 전쟁기념관에서 일을 하고 있다. 원래 직업은 보일러 일이나 기계 일과 전혀 상관없는 일이었다. 그는 29년간 하이트 맥주에서 생산관리 업무를 담당한 화이트칼라였다. 2년 전 퇴직을 하고 1년 정도 집에서 쉬다가 '삼식이'라는 놀림도 듣고 해서 취업을 결심했다. 보일러 관리자로 근무하는 친구들의 조언을 듣고 폴리텍대학의 베이비부머 대상 기술교육과정을 알게 되어 지원했다. 지난해 4개월간 수업을 듣고 수업이 끝나면 도서관에 가서 3시간씩 공부하는 강행군을 했다. 결국 2015년 말에 에너지 관리기능사 2급 자격증을 땄다. 200통이 넘는 이력서를 보내고 노력한 끝에 지금은 재취업이 되었다. 그의 조언이다. "스스로 적성에 맞는 일을 찾아보고 이후 그에 필요한 기술을 습득한다면 성공적인 인생 2막을 설계할 수 있을 것입니다."[1]

서울시의 취업훈련센터

서울시는 서울 거주 55세 이상을 대상으로 '고령자취업알선센터'를 운영한다. 이는 각 구의 취업알선센터 25개와 어르신 취업훈련센터 1개로 되어 있다. '취업훈련센터'는 직능교육을 하고 있는데 교육과정은 '내일행복학교'와 '시니어직업능력학교'가 있다. '내일행복학교'는 그동안의 단순노무직을 벗어나 보다 전문적이고 미래지향적인 직무교육을 제공하여 어르신들이 다양하고 새로운 직종에 진출할 수 있도록 지원한다. 총 5가지 아카데미로 구성되어 있다. 취업설계 아카데미, 창의직업 아카데미, 사회공헌 아카데미, 직업전문 아카데미, 창업 아카데미가 있다.

창의직업 아카데미는 갤러리나 박물관에서 작품의 이해를 돕는 도슨트 과정, 문화재해설사 과정, 영상제작 과정, 소품공예 과정이 있다. 사회공헌 아카데미는 들꽃가드닝 과정, 강사양성교육 과정, 도시정원 수경재배교육 과정이 있고, 직업전문 아카데미에는 바리스타 과정, 설문조사원 과정, 광고모델 과정 등이 있다. 창업아카데미에는 소자본창업, 협동조합과정이 있다.

'시니어직업능력학교'는 고령자가 잘 취직되는 직종을 중심으로 하여 그에 맞는 실질적인 교육을 실시한다. 직종교육과 맞춤형교육이 있으며 맞춤형교육은 고령자 채용의사가 있는 기업의 원하는 수요에 맞추어서 교육을 한다.

창업을 하려면
어디서 도움을 받을 수 있을까?

나에게 맞는 기술이나 전문성을 활용하여 창업을 하려는
사람을 지원하는 기관에는 크게 정부, 지방자치단체, 민간단
체가 있다. 창조경제를 표방하는 이번 정부는 많은 창업지
원사업을 펼치고 있는데 일반적으로 청년창업에 관한 비중
이 높지만 장년층도 이용할 수 있는 부분이 많다. 고령층이
나 베이비부머의 창업에 초점을 맞춘 경우도 있으므로 여기
서는 이 부분의 내용을 중심으로 본다.

K-스타트업의 시니어 기술창업스쿨

창업은 주로 중소기업청이 중심이 되고 있는데 부처별로 흩어져 있어서 산만하고 불편한 점이 많았다. 미래창조과학부는 2015년 10월 기획재정부, 중소기업청 등 관계부처와 함께 '정부 창업 지원사업 효율화 방안'을 발표했다. 여기서는 과거의 공급자 중심에서 수요자 중심으로 바꾸고 중복되게 흩어져 있는 사업을 정리했으며 여러 부처의 사업을 한군데서 볼 수 있는 장점이 있다. 창업을 하고자 하는 사람은 이제 K-스타트업 온라인 사이트를 이용하여 본인에게 맞는 길을 모색할 수 있게 되었다.

유사한 사업을 94개에서 72개로 줄이고 창업교육, 시설·공간, 멘토링·컨설팅, 사업화, 정책자금, R&D, 판로·마케팅·해외진출, 행사·네트워크 등 8개 범주로 분류하여 프로그램을 운영하고 있다. 특히 기술을 어느 정도 가지고 자신의 일을 해보고자 하는 사람은 창업교육과 멘토링·컨설팅을 통해 준비를 철저히 할 필요가 있다. 준비가 되었다면 사업화에 대한 조언과 자금지원, 판로, 네트워크 등 다양한 지원을 원스톱으로 해결할 수 있다. 이 사이트를 출발점으로 해서 좀 더 필요한 다른 분야들로 조사를 해간다면 창업을 하는 데 도움을 받을 수 있다. 여기서는 각 범주에 해당되어 있는 지원 프로그램들을 눈여겨볼 필요가 있다.

창업교육 부문에서 하고 있는 지원 프로그램은 우선 대학생과 일반인을 대상으로 창업교육을 지원하는 '창업 아카데미'가 있다. 특히 '시니어 기술창업스쿨'을 주목할 필요가 있는데 이는 40세 이상의 경력, 네트워크, 전문성 등을 활용한 창업을 지원하며, 실무 중심의 집중 기술창업교육을 지원하고 있다. 창업기본과 창업기술의 총 160시간 강좌 중 100시간을 선택하여 수강하면 된다. 교육생 1인당 100만 원 내외의 교육비가 지원되므로 교육생 부담 교육비는 10만 원 정도에 불과하다.

여기에 개설되었던 교육과정명 중 일부를 보면 기술창업에 유망한 것들이 많이 있다. 스마트폰 기반의 온라인 쇼핑몰 창업, 정보보안전문 창업, 3D프린터 기반 1인 제조서비스 창업스쿨, 데이터 기반 IT지식서비스 창업스쿨, 친환경 전기자동차충전소 운영사업, 시니어커리어의 극대화를 위한 이비즈 창업과정, 경력활용업종 전문 컨설턴트 양성과정, 소통의 날개를 다는 퍼실리테이터facilitator 양성과정, 모바일 커머스 기반 기술창업과정, 기술사업화 창업전략, 지식서비스 창업전략, 친환경을 위한 천연제품 제조(화장품, 비누), 식품업 창업과정, 공예품 창업과정, 요리와 미술을 활용한 심리상담사 전문인력 양성 프로그램, 미래의 먹거리 자연발효 숙성액 창업과정 등이 있다.

이들 교육과정은 향후 유망한 기술직업들이다. 교육과정 자체가 전문가들이 고민하여 선정한 것이다. 은퇴자들뿐 아니라 임금피크제를 실시하여 퇴직을 2, 3년 앞두고 있는 사람들, 그리고 배우자들도 수강하면 좋다. 100시간의 강의를 들으면서 교육비 10만 원이면 한 달 커피 마시는 비용이다.

또 눈여겨볼 만한 교육 부문의 지원 프로그램은 '실전창업스쿨'과 '창업대학원'이다. 전자는 여성에게 유망한 지식·감성 기반 창업교육 및 전문가 컨설팅을 해준다. 창업대학원은 창업전문가 양성 및 창업교육과정 개발 등을 위해 설립한 창업 관련 특수대학원 지원으로 5개 대학의 창업 관련 특수대학원에 지원해주고 있다. 이는 향후 창업 관련 수요가 많이 증가하는 환경에서 전문 창업컨설턴트로 나서거나 관련 기관에서 활동할 수 있는 기회를 얻을 수 있다.

창업 관련한 시설·공간 부문도 몇 가지를 알아두면 좋다. 여기서의 지원 프로그램은 '1인 창조기업 비즈니스센터'

와 '시니어 기술창업센터'를 눈여겨볼 필요가 있다. 1인 창조기업 비즈니스센터는 직장생활의 경험을 통해 창업 아이디어가 있는데 어떻게 창업해야 할지 고민인 사람이 이용하면 좋다. 1인 창조기업은 자의성과 전문성을 갖춘 1인 또는 5인 미만의 공동사업자로서 상시근로자 없이 사업을 영위하는 자를 말한다. 비즈니스센터가 전국에 60개 설치되어 있는데 사무공간, 회의실, 상담실 등의 공간과 세무·회계·법률 등의 전문가 상담을 받을 수 있다. 시니어 기술창업센터는 전국에 18개가 있으니 이를 활용해도 된다.

창조경제타운과 창조경제혁신센터

미래창조과학부가 운영하는 '창조경제타운'은 국민의 아이디어를 가치화하는 우리나라 사업 아이디어 플랫폼이다. 다양한 아이디어를 집합하고, 아이디어의 가치를 키우기 위해 멘토링을 하며, 아이디어 제안자가 이를 사업화할 수 있도록 연계해주는 역할을 한다.

이 플랫폼에는 높은 기술 수준과 아이디어를 가지고 창업하려는 사람들이 많다. 하지만 사업의 아이디어는 누구든 낼 수 있고 기술의 수준이 아닌 좋은 아이디어로 승부할 수 있으므로 참조해볼 만하다. 플랫폼이 '아이디어 도전', '온라인 멘토링', '사업지원정보' 세 가지로 나누어져 있으므로 각각에 들어가면 유용한 정보를 얻을 수 있다. 'Fun 아이디어'에는 재미있는 제안 아이디어들이 올라와 있다.

'창조경제혁신센터'는 창업, 중소기업 혁신, 지역특화사업을 지원하는 기관으로 전국으로 18개가 있다. 누구나 신청가능한 다양한 프로그램을 운영하고 있다. 예를 들어 창업공방 아카데미 수강생 모집은 포항창조경제혁신센터에서 주관하는 것으로 포항 거주자를 대상으로 하며 와이어 공예, 플라워아트, 북바인딩, 리본공예, 천연비누, 천연화장품, 패브릭, 실버쥬얼리 등의 강좌가 있다. 경남혁신센터는 모바일 홈페이지 중급제작반 교육수강생 모집, 네이버 모바일 홈페이지 제작교육, 경력단절여성 전문인력양성 직업교육훈련 등을 운영한다. '경력단절여성 직업교육훈련과정'에서는 디지털 공방 여성창업과정을 교육하고 있다. 총 260시간에 걸쳐 교육을 하고 3D프린터를 활용한 공방창업에 관심이 있는 여성을 대상으로 하고 있다. 교육내용은 각종 생활용품 및 미니어처, 피규어 제작 및 실습, 3D 모델링 및 프린팅, 캐릭터 디자인 출력 등이다. 교육 후에는 초등학교 방과후 지도교사로 활동을 지원하거나, 박람회나 프리마켓 참여를 지원한다.

어르신 창업, 고령자친화기업

복지부와 한국노인인력개발원의 노인일자리지원사업에서 '고령자친화기업'은 고령자 적합 직종을 개발하여 기업 설립을 하는 것을 지원하는 제도이다. 일방적인 지원이 아닌 시장성 기능을 가미한 제도라고 볼 수 있다. 만 60세 이상인 사람이 경쟁력을 가질 수 있는 직종에서 다수의 고령자를 고용(최소 30명 이상)하는 기업을 신규설립 가능한 법인이나 단체를 지원한다. 단계별 지원내용을 보면 설립단계에서 시설비 등 3억 원 이내 지원을 받고 복지부 지정기관이 된다. 운영단계에서는 사업의 지속성을 위해 경영, 교육, 홍보 지원을 해준다. 종류는 시장형 사업단 발전형, 모기업 연계형, 시니어 직능형이 있다. '시장형 사업단'은 고령자들이 여러 명 모여 비누 만들기 등을 하려고 할 때 매장이나 인건비를 지원받는 것을 말한다. 여기에서 이익이 나면 그 사업을 확대 발전시키는 데 사용된다. 제조업뿐 아니라 전문직종 사업단도 공동으로 운영하여 일자리를 창출하는 경우 포함된다. 이들 시장형 사업단 중에서 성과가 우수한 곳이 고령자 친화기업으로 발전하게 되는데 이를 시장형 사업단발전형 기업이라고 한다. 모기업연계형은 모기업의 자원을 연계하여 사업을 운영하는 형태다.

몇 가지 예를 들어보자. ㈜고을은 문화재발굴원 인력파견 업체이고, ㈜이웃애는 카페전문점이다. ㈜은영수산은 간고등어를 생산판매하고 ㈜에이지 상조는 애완동물 장례업이며 ㈜서울실버종합물류는 실버택배사업을 운영한다. 이웃애는 2011년 6월 23일 설립했으며 정규직 20여 명 가운데 관리직 4명을 제외하고는 모두 노인이다. 임금은 기존 일자리의 2배 수준이며, 주 5일 근무하고 하루 6시간 정도 근무한다고 한다. 초기 자본을 지원받은 것을 제외하고는 정부의 지원을 받지 않았으며 전문 경영인을 영입해서 운영하고 있다고 한다.[1]

서울실버종합물류는 2014년 11월 1일에 설립된 운송, 운수, 물류 업종의 운수업을 하는 회사로 아파트 택배 등을 하고 있다. 실버택배는 아파트 지역 거점으로 택배차량이 화물을 운송하면 노인 인력을 활용해 거점에서 분류해 인근 주택가나 아파트 단지로 배송하는 형태로 진행된다. 인천시도 2015년 11월에 CJ대한통운과 한국노인인력개발원과 함께 인천실버종합물류 MOU를 체결하고 2016년에 이를 실버택배 전담조직으로 할 예정이다.

서울시 창업스쿨

서울시는 '창업스쿨'과 '소상공인 창업스쿨'을 운영한다. 만 20세 이상으로 창업을 하려는 사람이 창업교육을 받고 실제 창업하는 것까지 도움을 받을 수 있다. 서울시와 한화큐셀은 태양광 분야 일자리 확대를 위해 2016년에 '태양광 창업스쿨'을 만든다. 그리하여 하반기부터 분기당 50명 내외로 태양광 창업스쿨을 개설할 예정이다. 향후에도 다양한 창업스쿨을 진행할 계획이다. 소상공인 창업스쿨은 서울시가 서울산업진흥원과 공동운영하는 것으로 연 2회 상하반기 창업스쿨을 진행하며 과정당 모집인원은 40명씩이다. 2015년 하반기의 경우 파워 외식업, 실전 창업과정과 소상공인 내 점포 브랜드 만들기 과정, 그리고 3D프린팅 비즈니스와 소셜마케팅 등 3개 과정을 운영했다. 기업과 연계해서 창업스쿨을 만들기도 한다.

소공인 특화지원센터

소상공인진흥시장공단에서 운영하는 소공인 특화지원센터는 소공인 집적지를 중심으로 특화지원센터를 설치 운영하여 관련 정보 제공, 맞춤지원 프로그램을 운영하고 있다. 여기서 소공인이란 제조업을 영위하는 상시근로자 10인 미만의 소상공인을 말한다. 전국에 24개의 센터를 설치해서 운영하고 있다. 센터에서 하는 주요 사업 내용은 교육, 마케팅, 컨설팅, 자율이다. 그 외도 소공인 기술개발 지원사업과 소공인 맞춤형 성장지원사업이 있으며, 교육, 컨설팅, 신사업 육성지원 등의 사업들을 펼치고 있다.

부록 3

재취업을 하려면
어디서 도움을 받을 수 있을까?

　기술이나 전문성으로 창직을 하거나 창업을 할 수도 있지만 재취업의 길을 걷는 것도 좋다. 기술을 익히거나 자격증을 가지면 취업의 길이 넓어진다고 한다. 청년실업뿐 아니라베이비부머들의 퇴직연령이 가까워지고 구조조정으로 조기퇴직도 많아지면서 장년층과 고령층의 취업도 중요한 사안으로 대두되고 있다. 이에 정부도 고령층 취업에 다양한 정책지원을 하고 있다.

고용노동부 워크넷

고용노동부의 고용센터로 들어가면 고용정보원과 함께 운영하는 '워크넷Worknet'이 있는데, 여기에는 우리나라의 일자리 정보가 집약되어 있다. 고용노동부는 주로 55~64세의 취업을 대상으로 한다. 65세 이상 노인의 경우 '노인 일자리'로 주로 분류하여 보건복지부에서 시행하고 있다. 구직을 하는 사람은 청년, 여성, 장년으로 나누어져 있기 때문에 해당하는 곳을 선택해서 찾아가면 된다. 우리나라에서 시행되고 있는 고용정책을 알고 싶으면 '고용정책'으로 들어가면 되고 직업에 관한 정보도 있다.

'장년구직'으로 들어가면 근무지역과 희망직종의 조건을 넣어서 검색해볼 수 있다. 사람들이 많이 검색한 직종들이 무엇인지도 나와 있다. 요즘은 경비원, 택배원, 물건운반원, 가사도우미, 환경미화원, 매표원, 복권판매원, 사회복지보조원, 주차관리원, 간병인 등이 올라와 있다. 취업할 의사가 있다면 '성실 프로그램'을 이수할 수도 있는데 50세 이상이면 가능하다. 12~15명의 소그룹으로 구성하여 매일 6시간씩 4일간을 진행하는데 효과적인 대화법, 이력서 작성, 희망분야 선택 등에 대해서 정보를 얻게 된다.

워크넷의 '고용정책'으로 들어가면 시행 중인 고용 관련 정책들이 있는데, 그 중 '장년취업인턴제' 지원사업도 눈여겨볼 필요가 있다. 해당 사이트가 따로 있으니 이를 참고해도 된다. 만 50세 이상 장년 미취업자에게 기업체 인턴기회를 제공함으로써 취업 가능성을 높이는 사업이다. 고용노동부에서 지정한 전국 71개 운영기관에 신청하면 된다.

워크넷의 직업·진로에는 직업심리검사, 직업 소개 들이 나와 있다. 직업군별, 학과정보, 신직업 등으로 동영상을 통해 정보를 얻을 수 있다. 직업 동영상에 나와 있는 직업 소개들을 보면, 경영, 회계, 사무 관리직에는 감정평가사, 브랜드매니저, 불꽃 연출가, 머천다이저, 관세사, 바이오 물류 전문가, 행사기획자 들이 있다. 취업지원 동영상은 청년층, 경력단절여성, 중장년층으로 분류되어 있다. 경력단절녀로 들어가면 방과후교사, 녹색환경지도사, 사회복지사, 수납정리전문가, 실버운동건강지도사, 요양보호사, 피부미용사, 바리스타, 밑반찬 제조원, 모니터 요원 등 다양한 경험들을 볼수 있다. 중장년층으로 들어가면 커리어코치, 도시농업활동가, 산학협력중점교수, 문화관광해설사, 실버모델, 사회복지사, 주택관리사, 매장관리원 등을 볼 수 있다.

노사발전재단 장년 일자리 희망넷

고용노동부 산하 공공기관인 노사발전재단은 주요 전략 목표 중 하나가 중장년 일자리 창출이다. 이를 위해 '장년 일자리 희망넷'과 '중장년 일자리 희망센터'를 운영한다. '장년일자리 희망넷'에는 '중장년층을 위한 전직지원 서비스'가 있는데 만 40세 이상의 중장년 퇴직자나 퇴직예정자가 대상이며 (1) 구인, 구직을 알선, (2) 취업역량을 강화하기 위한 강의, (3) 1:1 맞춤 재취업 컨설팅을 해주고 있다. 컨설턴트가 일자리 희망센터에 배치되어 있어서 처음에 1시간가량 1:1 상담을 통해 현재 고용시장 현황, 업종 추이, 이력서 코칭, 면접모의시험 등을 한다.

장년 일자리 희망넷의 강의정보에 들어가면 '중장년 취업 아카데미'가 있다. 이는 중장년 취업지원 프로그램으로 만 45세 이상의 구직자나 퇴직예정자를 대상으로 기업 수요에 맞는 직업훈련 특화과정을 통해 은퇴 후 조기 재취업을 지원한다. 또한 '장년 나침반 프로젝트'를 운영하고 있는데 45세 이상 직장인을 위한 평생현역 프로젝트이다. 중장년 재직근로자가 기업 내에서 경력을 유지, 개발하여 45세 이후의 삶을 스스로 설계하고 준비할 수 있도록 도움을 주는 프로그램이다.

'중장년 일자리 희망센터'는 전국에 12곳이 있으며 경제단체가 운영하는 19곳까지 합하면 총 31곳이 된다. 2015년 11월까지 5만 4,748명의 취업 성과를 이뤘다.[1] 전국적인 중장년층 전담 전직지원 인프라 체계를 갖추고 있다. 40세 이상 중장년 퇴직(예정)자에게 취업 알선뿐 아니라 전직지원 컨설팅, 창업 지원, 생애설계 지원, 사회참여기회 제공 등의 종합 전직지원서비스를 무료로 제공하고 있다.

보건복지부 한국노인인력개발원 일자리 사업

보건복지부는 고용문제를 복지 차원에서 접근한다. 그래서 장애인, 국가보훈대상자 고용이나 고령자 취업에 관해서는 보건복지부가 많이 관여하고 있다. 보건복지부의 홈페이지에 일단 들어가서 밑에 나와 있는 아이콘에서 '고용'으로 들어가면 창업/취업, 노인, 여성, 장애인 들이 있어 중장년층이나 고령층의 취업이나 창업에 대해서 참조해볼 수 있다. '노인' 항목으로 들어가면 60세 이상 고령자 고용지원, 노인 일자리 및 사회활동 지원사업, 시니어 기술창업 지원, 산림서비스 도우미, 공공산림 가꾸기, 아동안전지킴이 등을 볼 수 있다.

한국노인인력개발원이 담당하는 사업은 크게는 노인 일자리 및 사회활동 지원사업, 베이비붐 세대 사회공헌활동지원, 자체개발 일자리, 교육사업이 있다.

'노인 일자리 및 사회활동 지원사업'은 상당히 광범위한 노인 일자리를 취급하고 있다. 사업유형은 공익활동, 재능나눔활동, 시장형사업단, 인력파견형사업단, 고령자 친화기업으로 나누어져 있다. 시장형사업단은 앞서 창업 부문에서 설명한 바 있다. '공익활동'은 당해 연도 65세 이상의 기초연금수급자를 대상으로 하는 등 저소득 고령 어르신들의 지속적인 사회참여활동을 지원하기 위한 사업이다. 재능나눔활동 역시 65세 이상으로 참여 노인의 재능을 활용하여 취약노인 상담, 학습지도, 문화예술지원 등 다양한 서비스를 제공한다. 재능나눔사업을 수행하는 기관에서 지역신문, 게시판, 기관의 사이트 등을 통해서 공고한다.

'인력파견형사업단'은 수요처의 요구에 의해 일정 교육을 수료하거나 관련된 업무능력이 있는 자를 해당수요처로 연계하여 근무기간에 대해 일정 임금을 지급받는다.

'시니어 직능형'은 전문기술 능력과 경험지식을 보유한 퇴직자에게 일자리 제공 및 자원봉사활동을 지원할 수 있는 기반조직을 구축하여 지원하고 있다. 신청자격은 퇴직예정 자 및 퇴직자가 있는 민간기업, 공공기관(공기업, 준정부기관, 기타 공공기관) 또는 동일 직업능력을 보유한 퇴직예정자 및 퇴직자가 있는 직능협회다. 공공기관이나 민간기업 내에 설 치되어 주로 사회공헌활동들을 많이 하고 있다. 건강보험관 리공단, 건강보험심사평가원, 대한지적공사, 한겨레신문, 한 국마사회, 대한의사협회 등 50여 개 기관과 회사에 있다.

서울시 50+캠퍼스, 50+센터, 고령자취업알선센터

서울시가 만든 서울 50플러스 재단의 '50+포털'에 들어가 면 고령자 일자리에 관한 정보가 집중되어 있다. 이 재단은 서울시 50+세대(50~64세)의 새로운 인생준비와 성공적인 인 생 후반을 위한 사회참여활동을 지원하기 위해 설립되었다. 이 포털에는 종합일자리정보, 인생이모작일자리정보, 취업 교육, 자원봉사 등에 관한 정보들이 있다. 취업교육에는 서 울 어르신취업센터, 일자리 플러스 센터, 50플러스 센터가 있다.

서울 50플러스 재단에는 '50플러스 캠퍼스'와 자치구

'50플러스 센터'가 있다. 일자리 연계는 캠퍼스가 전담하고 자치구 센터는 지역사회 활동에 전념할 예정이다. 또 캠퍼스가 권역별 종합상담센터 역할을 하는 것에 비해 센터는 지역에 밀착한 형태의 찾아가는 상담에 비중을 둔다. '50+ 캠퍼스'는 50+를 지원하는 플랫폼으로 서북캠퍼스를 시작으로 2018년까지 총 5개의 캠퍼스가 만들어질 예정이다. 이의 기능은 교육지원, 일자리 창업지원, 사회참여지원, 일상지원으로 나뉜다. 현재 개설되어 있는 서북 50플러스 캠퍼스는 은평구 서울혁신파크에 있다.

'50플러스 센터'는 각 자치구들이 운영하고 있다. 예를 들어 동작 50플러스 센터, 도심권 50플러스 센터 등이 있으며 영등포 50플러스 센터는 2016년 4월에 오픈할 예정이다. 동작 50플러스 센터에는 교육, 일자리정보/제2경력개발 등이 있다. 여기의 교육과정들을 보면 경력개발 워크숍, 사회공헌 행복창조 아카데미, 우리 동네 복합문화사업 등 8개의 과정들이 있다. 협동조합이나 NPO, 사회적 기업, 자원봉사 등에 자신의 재능을 사용하고 싶은 사람들은 사회공헌 행복창조 아카데미 과정을 들으면 좋다.

서울시 '고령자취업알선센터'는 1992년부터 설립되어 운영해온 기관이다. 25개의 구에 고령자취업알선센터가 있고 1개의 어르신취업훈련센터가 있다. 취업훈련과정도 있으며 만 55세 이상의 서울 거주자면 가능하다.

경기도 노인일자리 지원센터

경기도와 경기복지재단이 함께 운영하고 있는 경기도 노인일자리 지원센터는 노인사회활동을 지원하고 있다. 지원사업은 크게 공익활동, 재능나눔활동, 창업활동, 경력유지활동으로 나누어볼 수 있다. 공익활동과 재능나눔활동은 65세 이상이고 기초연금수급자를 대상으로 하기 때문에 공공적인 성격이 강하다. 한편 창업활동은 노인에게 적합한 업종 중 소규모 창업이나 전문직종 사업단을 공동으로 운영하여 창출되는 일자리로서 일정 기간 사업비나 참여자 인건비를 일부 보충 지원하고 사업소득으로 운영비를 마련하는 제도이다. 카페, 마트와 같은 매장운용사업, 아파트단지 내 택배물품을 배송·집하하는 아파트택배사업, 수공예품 공동제작 등이 있다.

어르신이 운영하는 카페 종류들을 보면 재미있다. 군포시니어클럽의 '할매정성밥상', 부천시니어클럽 '밥이 고슬고슬',

수원시니어 클럽의 '카페 시화연풍', 하남실버인력뱅크의 실버카페 '마실' 등이 있다.

전경련 중장년일자리희망센터

중장년일자리희망센터는 전국경제인연합회(전경련)에서 1차 베이비부머의 집중은퇴에 따른 유휴인력을 생산적으로 활용하여 사회적·개인적으로 충격을 줄이는 데 기여하기 위해 2011년 3월 25일 만들었다. 전경련에서 만들다 보니 중견, 대기업 퇴직인력의 DB구축에 특화된 기능을 갖고 있다. 이들의 노하우와 경험을 활용하여 숙련인력이 중소기업 경영역량 강화와 경영혁신에 기여할 수 있도록 재취업을 알선함으로써 대기업과 중소기업 간의 동반성장을 도모하는 목적도 있다. 대기업과 중소기업에서 퇴직한 중장년에게 최적의 유망 중소기업을 알선해준다는 사명을 갖고 있다. 취업지원 서비스는 이력서 클리닉, 취업전략교육, 전문컨설턴트 맞춤형 상담, 전문경영닥터 서비스가 있다. '전문경영닥터서비스'는 CEO나 임원과 같은 고급인재를 추천하고 채용을 대행해주는 무료서비스이다.

동 센터는 2014년 동부기술교육원 및 조리사관학교와 협

약을 체결하여 중장년 구직회원의 기술습득과 재취업을 지원하고 있다. 동부기술교육원에서는 보일러, 특수용접, 전기공사 등 정규과정과 건물보수, 조경관리 등 단기과정을 합쳐 총 20여 개의 산업 관련 교육을 받을 수 있다. 한국조리사관직업전문학교에서는 중장년들이 조리사과정, 제과제빵과정, 소믈리에, 바리스타 등 식음료과정을 비롯해 중장년 재취업 연계프로그램인 외식산업 중간관리자 과정, K-food 관광 마케팅 실무자 양성과정을 수료할 수 있다.

1인 1기

미주

머리말

1 NHK 스페셜 제작팀, 『노후파산』, 김정환, 다산북스, 2016

2 소공인은 전순옥 의원이 소상인과 소공인들을 구별하여 도심 소공인들을 위한 법안을 발의하면서 시작된 용어다. 소공인은 손기술로 제조할 수 있는 모든 것이 포괄되어 있다고 보면 된다. 2013년 12월 '도시형소공인 지원에 관한 특별법'(소공인법)이 발의되어 2015년 5월 29일에 시행되었다.

3 《서울경제》 2016년 1월 21일자, 「제조업 풀뿌리 꺾이면 연관 산업 동맥경화… 생태계 복원 급하다」

4 모타니 고스케·NHK 히로시마 취재팀, 『숲에서 자본주의를 껴안다』, 김영주 옮김, 동아시아, 2015

1장 저금리·고령화라는 화성에서 생존하기

1 일본 국립사회보장연구소, 「인구통계자료집」, 2003; 통계청, 「장래인구특별추계 결과」, 2005, 12쪽

2 미래에셋은퇴연구소, 「은퇴자 가계수입의 이중추락과 양극화」, 『은퇴리포트』, 2013.9.11.

3 홍석철·전한경, 「인구고령화와 소득불평등의 심화」, 한국금융연구원, 『한국경제의 분석』 19권 1호, 2013, 72~114쪽

4 이재훈, 「한국의 노인, 왜 빈곤한가-국제비교로 본 우리나라 노후빈곤 실태」, 공공사회연구원, 2015

5 미래에셋은퇴연구소, 2013.9.11.

6 미래에셋은퇴연구소, 「은퇴 후 110,000시간」, 『은퇴리포트』, 2015.10.29.

7 미래에셋은퇴연구소, 2015.10.29.

8 미래에셋은퇴연구소 보고서, 2013.9.11.; 미래에셋은퇴연구소, 2015.10.29.

9 미래에셋생명과 MBC 라디오가 함께한 『은퇴설계 수기 공모작 제2의 인생을 산다』(2013)에서 발췌

10 Hershfield et al., 「Increasing Saving Behavior Through Age-Progressed Renderings of the Future Self」, 『Journal of Marketing Reseach』, Vol.48, 2011, pp.523~537

11 제레미 시겔, 『장기투자 바이블』, 미래에셋 증권자산운용컨설팅본부·미래에셋생명 재무컨설팅본부 옮김, 미래에셋투자교육연구소, 2008

12 이주호, 「한국인의 역량과 연령: PZAAC 데이터 실증 분석」, 한반도선진화재단 정책세미나, 2016

13 미래에셋은퇴연구소, 「인출 시기의 자산관리 방식」, 『은퇴리포트』, 2014.2.18.

2장 왜 기술이 필요한가

1 최광근, 「어느 옹기장이의 꿈」, 『미래에셋생명과 MBC 라디오가 함께한 제3회 은퇴설계 수기 공모작 제2의 인생을 산다』, 2013, 158~168쪽

2 김덕영, 『뒤늦게 발동 걸린 인생들의 이야기』, 다큐스토리, 2013

3 《서울신문》 2014년 2월 27일자, 「'임태순 선임기자의 5060 리포트' 은퇴 후 서예작가로 '70~80세 대기만성' 야망」

4 한창민, 『나는 찍는다 스마트폰으로』, 오픈하우스, 2014

5 《중앙일보》 2016년 3월 4일자, 「규제에 막힌 원격진료 전면 허용 땐 '신직업' 5만 명」

6 《중앙일보》 2016년 3월 4일자, 「일자리 새 해법 '직업 창출'」

7 전순옥·권은정, 『소공인』, 뿌리와 이파리, 2015

8 린다 그랜튼, 『일의 미래』, 조성숙 옮김, 생각연구소, 2012

9 미하엘라 비저, 이르멜라 샤우츠 그림, 『역사 속에 사라진 직업들』, 권세훈 옮김, 지식채널, 2012

10 국립국어원, 『표준국어대사전』

11 전순옥·권은정, 2015

12 전순옥·권은정, 2015

13 《조선일보》 2016년 2월 22일자, 「작년 자영업자 556만 명… 20년 수준으로 회귀」

14 전순옥·권은정, 2015

15 사이토 다카시, 『혼자 있는 시간의 힘』, 장은주 옮김, 위즈덤하우스, 2015

16 전순옥·권은정, 『소공인』, 뿌리와 이파리, 2015

17 《비즈니스 포스트》 2015년 1월 11일자, 「박용만은 왜 인공지능 투자를 강조할까」

18 무라타 히로유키, 『그레이마켓이 온다』, 김선영 옮김, 중앙북스, 2013

19 일본생명기초연구소, 「일본 60세 이상 고령층 소비 추이」, 2012.12

20 EBS 〈성공! 인생 후반전-할머니의 정을 전한다. 동화구연가 김흥제〉와 《내일신문》 2011년 1월 2일자, 「이야기로 아이들에게 할머니의 정 전해요」

21 Kerry Hannon, 「Getting the Job You Want after 50 for Dummies」, 2015. AARP 홈페이지에서 재인용

22 산업연구원, 「고령사회 산업인프라 구축을 통한 고령 일자리 창출」, 2015.9.18.

3장 기술 중심으로 생애 설계 다시 짜라

1 최숙희, 「고령자 고용현황과 정책적 시사점」, 『고용동향 브리프』, 한국고용정보원, 2014.8.

2 NHK 스페셜 제작팀, 2016

3 NHK 스페셜 제작팀, 2016

4 《아시아경제》 2015년 6월 20일자, 「춤을 추면 스무 살이나 젊어져요」

5 미래에셋은퇴연구소, 「4050 중산층 가계수지의 명과 함」, 『은퇴리포트』, 2013.8.6.

6 한국교육개발원, 「국가평생교육통계조사」, 2012

7 린다 그랜튼, 2012

8 시오미 나오키, 『반농반X의 삶』, 노경아 옮김, 더숲, 2014, 10쪽

9 국민연금 보도자료 2015년 9월 24일자, 「국민연금 제도시행 28년」

10 미래에셋은퇴연구소, 「부부 적정 은퇴생활비 추정」, 『은퇴리포트』, 2014.7.2.

11 NHK 스페셜 제작팀, 2016

12 미래에셋은퇴연구소, 「연금전환율을 활용한 연금포트폴리오 만들기」, 『은퇴리포트』, 2014.11.10.

13 메이슨 커리, 『리추얼』, 강주헌 옮김, 책읽는수요일, 2014

14 통계개발원, 「노인자살의 현황과 원인분석」, 2007.5.

15 서울대학교 병원, 「치매노인 유병률 조사」, 2008(미래에셋은퇴연구소, 「인생후반을 좌우하는 5대 리스크」, 『은퇴리포트』, 2013.5.7.에서 재인용

4장 오늘부터 시작하는 1인 1기 실천 전략

1 희망제작소, 「해외 평생교육 사례」, 『희망리포트』 14호, 2013.7.

2 미래에셋은퇴연구소, 「개인 미디어가 콘텐츠 산업을 바꾼다」, 『글로벌인베스터』, 2016.2.

3 「욥기」 8장 7절

4 위키피디아, 'the devil is in the detail' 검색

5 유홍준 외, 『우리 시대의 장인정신을 말하다』, 북노마드, 2010, 34쪽

6 전순옥·권은정, 2015

7 유홍준 외, 2010, 44쪽

8 크리스 주크·제임스 앨런, 『핵심에 집중하라』, 이근 외 옮김, 청림출판, 2002

9 《헤럴드경제》 2010년 6월 11일자, 「유태식 日 MK부회장 "친절은 돈입니다"」

10 Granovetter, 「The Strength of Weak Ties」, 『American Journal of Sociology』 Vol 78, Issue 6, 1973.5., pp.1360~1380

부록 1. 나에게 맞는 기술을 어디서 배울 수 있을까?

1 《브릿지경제》 2016년 3월 24일자, 「'비바 100' 대기업 은퇴 후 보일러관리 사로 인생 2막」

부록 2. 창업을 하려면 어디서 도움을 받을 수 있을까?

1 KBS News 2012년 1월 24일자, 「고령자 친화기업, 노인 일자리 해법되나?」

부록 3. 재취업을 하려면 어디서 도움을 받을 수 있을까?

1 《아시아 타임즈》 2016년 3월 16일자, 「재취업과 창업을 위한 노사발전재단 '중장년 일자리 희망센터'」

참고문헌

김덕영, 『뒤늦게 발동 걸린 인생들의 이야기』, 다큐스토리, 2013.

김용섭, 『라이프 트렌드 2016 그들의 은밀한 취향』, 부키, 2015.

김정운, 『가끔은 격하게 외로워야 한다』, 21세기북스, 2015.

데니스 리 욘, 『브랜드 비즈니스』, 김태훈 옮김, 더난출판, 2014.

린다 그래튼, 『일의 미래』, 조선숙 옮김, 생각연구소, 2012.

메리 S. 펄롱, 『시니어마켓을 선점하라』, 정지혜·이연수 옮김, 미래의 창, 2007.

모타니 고스케·NHK히로시마 취재팀, 『숲에서 자본주의를 껴안다』, 김영주 옮김, 동아시아, 2015.

무라카미 류, 『55세부터 헬로라이프』, 윤성원 옮김, 북로드, 2013.

무라타 히로유키, 『그레이마켓이 온다』, 김선영 옮김, 중앙books, 2012.

미래에셋생명과 MBC 라디오, 『제3회 은퇴설계 수기 공모작 제2의 인생을 산다』, 미래에셋생명, 2013.

미하엘라 비저, 『역사 속에 사라진 직업들』, 권세훈 옮김, 지식채널, 2011.

미하일 칙센트미하이, 『몰입의 즐거움』, 이희재 옮김, 해냄, 1999.

박영숙·제롬 글렌·테드 고든·엘리자베스 플로레스큐, 『유엔미래보고서 2025』, 이종구·박세훈·류형우 옮김, 교보문고, 2011.

브리짓 슐트, 『타임푸어』, 안진이 옮김, 더 퀘스트, 2015.

사이토 다카시, 『혼자 있는 시간의 힘』, 장은주 옮김, 위즈덤하우스, 2015.

성남고령친화종합체험관·을지대학교, 『한국의 시니어 그리고 시니어 비즈니스』, 성남시, 2015.

스키너·마거릿, 『스키너의 마지막 강의』, 이시형 옮김, 더 퀘스트, 2013.

시오미 나오키, 『반농반X의 삶』, 노경아 옮김, 더숲, 2015.

앨버트 브룩스, 『2030년 그들의 전쟁』, 김진영 옮김, 북캐슬, 2012.

야마다 마사히로, 『패러사이트 싱글의 시대』, 김주희 옮김, 성신여자대학교 출판부, 2004.

야마다 마사히로, 『희망 격차사회』, 최기성 옮김, 아침, 2010.

에릭 슈미트·제러드 코언, 『새로운 디지털 시대』, 이진원 옮김, 알키, 2013.

유홍준 외, 『우리 시대의 장인정신을 말하다』, 북노마드, 2010.

장 아메리, 『늙어감에 대하여』, 김희상 옮김, 철학자의 돌, 2014.

전순옥·권은정, 『소공인』, 뿌리와 이파리, 2015.

정은상, 『마법의 코칭』, 새로운 사람들, 2015.

제레미 시겔, 『장기투자 바이블』, 미래에셋증권 자산운용컨설팅본부 옮김, 미래에셋투자교육연구소, 2008.

젬마 말리, 『잉여인간 안나』, 유향란 옮김, 주니어김영사, 2008.

중앙SUNDAY 미래탐사팀 최재천 외, 『10년 후 세상』, 청림출판, 2012.

크리스 주크·제임스 앨런, 『핵심에 집중하라』, 이근 외 옮김, 청림출판, 2002.

하쿠호도 생활종합연구소·하쿠호도 시니어비즈니스추진실 엮음, 『거대시장 시니어의 탄생』, 애드리치 마케팅 전략연구소 옮김, 커뮤니케이션북스, 2009.

한창민, 『나는 찍는다 스마트폰으로』, 오픈하우스, 2014.

허영섭, 『영원한 도전자 정주영』, 나남, 2015.

홍성태, 『모든 비즈니스는 브랜딩이다』, 쌤앤파커스, 2012.

NHK 스페셜 제작팀, 『노후파산』, 김정환 옮김, 다산북스, 2016.

1인 1기

초판 1쇄 발행 2016년 4월 19일
초판 6쇄 발행 2020년 5월 18일

지은이 김경록
펴낸이 신경렬

편집장 유승현 **편집** 황인화 · 김정주
마케팅 장현기 · 정우연 · 정혜민
디자인 이승욱
경영기획 김정숙 · 김태희 · 조수진
제작 유수경

펴낸곳 (주)더난콘텐츠그룹
출판등록 2011년 6월 2일 제2011-000158호
주소 04043 서울시 마포구 양화로12길 16, 7층(서교동, 더난빌딩)
전화 (02)325-2525 | **팩스** (02)325-9007
이메일 book@thenanbiz.com | **홈페이지** www.thenanbiz.com
ISBN 978-89-8405-848-4 03320